本书为2021年教育部“新文科”背景下行业特色高校外语专业优化研究与实现（课题编号：2021050084）的阶段性成果。

新文科视域下跨文化交际能力培养研究

U0854758

殷　倩◎著

文化发展出版社
Cultural Development Press
·北京·

图书在版编目（CIP）数据

新文科视域下跨文化交际能力培养研究 / 殷倩著 .
北京 ：文化发展出版社，2024. 8. -- ISBN 978-7-5142-4437-3

Ⅰ . G115

中国国家版本馆 CIP 数据核字第 20246RQ765 号

新文科视域下跨文化交际能力培养研究

殷 倩 著

出 版 人：宋 娜

责任编辑：张宝平　　责任校对：侯 娜

责任印制：杨 骏　　封面设计：守正文化

出版发行：文化发展出版社（北京市翠微路 2 号 邮编：100036）

网　　址：www.wenhuafazhan.com

经　　销：全国新华书店

印　　刷：天津和萱印刷有限公司

开　　本：710mm × 1000mm　1/16

字　　数：170 千字

印　　张：9.5

版　　次：2025 年 1 月第 1 版

印　　次：2025 年 1 月第 1 次印刷

定　　价：72.00 元

I S B N：978-7-5142-4437-3

◆ 如有印装质量问题，请电话联系：010-58484999

前　言

习近平总书记指出："中国式现代化是物质文明和精神文明相协调的现代化。"增强文化自信是中国式现代化的重要目标，是现代化的中国文明走向世界的过程中遇到的新命题。世界的多样性赋予人类社会文化的多样性，文化多样性在不同历史时期、不同国家地域经历了文明和文化交流中的融合与冲突。文化差异与低效甚至无效的跨文化交际实践至今仍是造成国家和地区间政治、军事、经济、贸易、教育乃至民间文化交流各个层次冲突的最主要的深层次原因之一。文明交流互鉴才是推动人类文明进步和世界和平发展的重要动力。探索文化之间平等沟通的途径，有效传播中华文化，批判、反思外来文化，消除偏见与冲突是实现文化多元化的前提。新文科背景下培养国际化、创新型跨文化交际人才是成功实现跨语种、跨文化交流、推动人类命运共同体建设的重要前提。本书将深入解读新文科视域下国际化、创新型跨文化交际者的内涵。正确理解人才培养的内容及要求，进一步探索有效的培养途径与模式。

2018 年 8 月，中共中央要求高等教育要努力发展"四新"，即新工科、新医科、新农科、新文科。"新文科"概念的内涵与三个方面有关：新技术的推动、新需求的产生以及新国情的要求。建设新文科就是要立足新时代，回应新需求，促进文科融合，提升时代性，加快中国化、国际化进程，引领人文社会科学新发展，从而服务于社会主义现代化国家建设中"人的现代化"建设目标的实现。新文科与外语教学的结合为当今的外语和跨文化能力培养带来了全新的视角。新文科强调学科重组和文理交叉，强调继承创新、交叉融合，致力于推动传统文科的更新升级。新文科视域下，外语教学不再局限于语言教学，而是更多融入了新科技、新经济和全球化的元素，使外语教育更加符合新时代的需求。外语教学本身具有语言交际性、实用性、融合性等。在新文科的框架下，这些特点得到了进一步的强化和拓展。语言交际性在新文科背景下更加注重培养学生的跨文化交际能力，使学生在经济全球化的大背景下能创新性地运用外语进行交流合作。实用性方面，新文科强调外语教育与现实的紧密联系，鼓励学生将知识用于实践，解决具体问题。

新文科背景下跨文化交际和高校外语教学研究是一个广泛而深入的领域，涉及语言学、教育学、心理学和文化研究等多个学科。在新文科视域下，英语作为国际通用语言，在跨文化交际中扮演着重要角色。因此，语言习得与跨文化能力培养的融合对培养既有语言技能、又有跨文化意识的跨文化交际人才具有重要意义。高校外语教学研究是一个不断发展和变化的领域，新的教学方法、新的教学技术、新的教学理念不断涌现。在这个领域，我们需要不断探索、不断创新，以适应社会的发展和变化。我们要关注跨文化交际的实际应用场景，了解跨文化交际中可能遇到的问题与挑战，通过能力培养对交际实践提供有效支持。对于外语教师而言，新文科背景下既有机遇也有挑战。我们需要更新教学理念，拥抱数字化、信息化技术资源和平台，适应新文科建设中语言和跨文化能力培养的需求。新文科建设对外语教育提出了新目标、新要求。在新专业方向、新培养模式、新课程体系、新理论建构等方面积极尝试，推动外语教育的创新发展。

作者通过真实的跨文化交际经历和多年跨文化交际课程的教学，在本书中试图以新文科视域为切入点，从以下三方面探讨跨文化交际能力的有效培养路径：①分析跨文化交际能力的内涵及其与外语教学的关系；②探讨跨文化交际能力培养过程中可行的技术化、国际化、移动型、共享性路径，实现场景化、职业化、翻转式的培养过程；③探讨衡量培养路径有效性的核心维度。通过以上研究，作者希望能够探索跨文化交际能力培养的理论支持和实践指导，帮助师生建立跨文化意识双向成长、有效提高跨文化交际能力，培养出同时具备专业能力和跨文化交际能力的创新型人才。

本书第一章概述新文科视域下跨文化交际能力及跨文化交际学概述，第一节分析新文化视域下的跨文化交际能力需求；第二节探讨新文科视域下的跨文化交际能力培养目标；第三节是关于新文科视域下的跨文化交际学。第二章为新文科视域下的跨文化交际能力培养理念，包括关注全球视野与跨文化理解和跨文化交际能力培养的内容两个主要板块。第三章阐述新文科视域下跨文化交际能力培养与高校英语教学的融合，包括文化失语和文化冲突、高校英语教学的问题与现状、优化跨文化交际能力培养在高中英语教学中的意义和跨文化交际能力培养体系优化路径四个部分。第四章论述英语跨文化交际学的培养实践，包括跨文化交际中的理论构建与术语、语言技能和跨文化能力的融合路径以及跨文化交际与英语课程教学模块目标。第五章畅想跨文化交际与高校英语教学的创新发展，第一节关于英语教学的跨文化交际发展制约；第二节论述跨文化交际与高校英语教学的个性化发展需求；第三节研究跨文化交际视角下翻转课堂教学模式的创新应用。本书总结新文科视域下跨文化交际能力培养的成果与经验、建议与措施，展望新文科视域下跨文化交际能力培养的未来发展趋势。

在撰写过程中，作者得到了许多专家学者的帮助和指导，参考了大量的学术文献，在此表示真诚的感谢！本书内容系统全面，论述条理清晰、深入浅出。限于作者水平不足，加之时间仓促，难免存在疏漏，在此恳请同行专家和读者朋友批评指正！

殷倩

2023 年 10 月

目录

第一章　新文科视域下跨文化交际能力及跨文化交际学概述

习近平总书记在2019年发表的《文明交流互鉴是推动人类文明进步和世界和平发展的重要动力》一文中指出，“当今世界，人类生活在不同文化、种族、肤色、宗教和不同社会制度所组成的世界里，各国人民形成了你中有我、我中有你的命运共同体”。在经济全球化时代背景下，世界各国文化仍然存在竞争性。文明交流互鉴才是推动人类文明进步和世界和平发展的重要动力。“讲好中国故事”“树立文化自信”“建立大国话语权”是现代化的中国文明走向世界的过程中遇到的新命题。探索文化之间平等沟通的途径，有效传播中华文化，批判、反思外来文化，消除偏见与冲突，是实现文化多元化的前提。培养中国式现代化发展中的跨文化交际与国际创新型人才是成功实现跨语种、跨文化交流、推动人类命运共同体建设最重要的环节。

第一节　新文科视域下的跨文化交际能力需求

当今世界，“经济全球化”趋势为各个国家带来了前所未有的交流机会，越来越多的人跨越文化界限进行交际，这已成为常态。随着经济全球化进程的推进，人们之间的联系日益紧密，同时，人们在现实世界里也面临着更严重的分隔。人类的生存和发展问题的解决，需要不同文化群体的人们进行广泛而深入的交流，以实现不同国家、不同文化背景的人的和平共处和合作，这种交流必须建立在相互理解的基础上。因此，研究不同文化间的交际方式已成为当前社会科学中最为重要的议题之一。

（一）关注新文科与参考文化的内涵

新文科是在传统文科基础上，结合现代社会需求和发展趋势，涵盖更广泛的学科范围和知识体系，强调跨学科交叉与融合，注重实践与应用的一种新型文科。新文科不仅包括传统的语言学、历史学、哲学、文学等领域，还将社会学、心理学、传播学、艺术设计等新兴领域纳入其中，从而拓宽了文科的研究范围，提高了其实用性和适应性。新文科建设的背景在于社会大变革时代对文科教育提出的新的要求。教育部在相关会议上强调了新文科建设的重要性和紧迫性，指出文科教育必须超前识变、科学应变、主动求变，以培养新时代的文科人才和社会科学家，构建哲学社会科学中国学派，创造光耀时代、走向世界的中华文化。

跨文化是指一个研究或互动包含两种及其以上不同文化背景的群体。它涉及跨越不同国家、民族界线的文化现象，体现了不同民族、国家及群体之间的文化差异。跨文化研究也称为“比较文化研究”，通过对不同文化的比较，揭示在不同社会条件下，人们的社会行为和心理特征及其发展规律的异同；从而为把握社会心理现象中的普遍性提供认识依据。在跨文化交流中，语言的多元性、文化差异、歧视和偏见、非语言行为、交流目的和策略以及文化冲突等因素都是不可忽视的。例如，不同文化背景下的价值观和世界观会影响人们对同一事件或事物的看法和处理方式；而肢体语言、面部表情、礼仪等非语言行为也是文化内隐规则的表现，需要注意识别和理解。

跨文化现象在人类历史中一直存在，它是人类文化多元共存的基本前提。在东亚，包括中国、日本和韩国在内的文化圈，展现了文化互动与生成的精神记录，虽然存在矛盾，但始终保持着以东亚传统文化价值的共同认知为核心的东亚认同。跨文化适应是一个重要的研究领域，它探讨个体在跨文化环境中的适应过程、机制和影响。适应程度可分为完全适应、部分适应和不适应，而适应过程则包括初期适应、中期适应和长期适应等阶段。影响跨文化适应的因素包括个体的文化背景、人格特质、社会支持等。在实际生活中，跨文化交流也带来了诸多挑战和机遇。例如，德国作为宜家家居最大的市场之一，虽然有着严格的规章制度，但其员工却难以接受瑞典式的管理方式，这反映了不同文化背景下管理理念和员工行为模式的差异。因此，在跨文化交流和合作中，尊重和理解对方的文化，采用适当的沟通策略和方式，对于实现有效的交流和互动至关重要。

中国逐渐深化改革开放并推进国际合作、文化交流的步伐。在这个注重跨文化交际的时代，在适应中国的特色和国情的方向上长足发展对于我国而言变得更加关键，因为这将对中国的教育体系产生深远的影响，特别是在外语教育方面。学术界普遍支持的外语跨文化教学模式，该模式可以培养学生的跨文化素养。在跨文化交流领域取得卓越表现需要具备四个关键素质，分别是：稳定的心理因素、良好的共情能力、充分的知识储备和交际技巧。要具备跨文化交际能力，我们需要对文化共性和文化差异进行区分并具备跨文化素养。跨文化交际能力的核心就是意识层面，这一层面包括三点内容，即跨文化意识、文化批判意识、文化双向成长意识。

跨文化意识包括自我文化意识和相对文化意识。对语言使用者所处群体社会的感受和认知是自我文化意识；语言使用者对不同群体之间的社会规范差异的感知是文化相对意识。我们应该适度地处理多样文化的特点，求同存异。要重视培养交际者的跨文化意识，建立其双向文化认同心理，平等看待不同文化之间的区别。

跨文化能力还包括文化危机意识和批判力。跨语言、跨文化交际者在经济全球化交流中会接触和融合不同文化，有可能会导致文化隔离、文化休克，甚至边缘化，甚至引发“文化霸权主义”等极端影响。文化忧患意识就是要弘扬本族文化的精髓，与外来文化碰撞、交流和融合，互相借鉴，推陈出新，同时保持本族文化的价值观念、民族生活、生活方式的独立性。文化批判意识是在经济全球化和多元文化背景下，交际者以理性的态度对待世界各国文化的态度，避免民族中心主义，树立本族文化自信，在跨文化交流中“取其精华，去其糟粕”。

树立本族文化自信，对外传播中国文化，使培养学生的双向跨文化意识成为不可或缺的前提。“我国外语教育跨文化意识双向成长是由国家发展战略态势所决定的”。跨文化交际者要有意识地建立双重文化身份，即要避免跨文化交际中的文化民族中心主义，也要避免源语言使用者的本族文化缺失。跨文化交际人才培养模式中的外语教学应更注重双向文化在课程建设中的落实，从而有效实现培养外语学习者跨文化交际能力的目标。培养内容应增加中国文化内容，增强文化平等意识，这是现代化中国对跨文化交际参与者的新要求。

中国学者胡文仲在其著作《跨文化交际学概论》中认为跨文化交际对于一些读者来说是一个新词。实际上，我们经常在从事跨文化交际，如果下定义，可以说具有不同文化背景的人从事交际的过程就是跨文化交际。根据胡文仲的观点，跨文化交际指本族语使用者与非本族语使用者之间的跨语言交际，也指在语言和文化背景有差异的人们之间的交际。跨文化交际可以被定义为来自不同民族文化的人们之间的交流。跨文化交际的模式主要包括国际性跨文化交际、跨种族交际、跨民族交际、同一主流文化内交际等四个主要类型。无论哪一种类型都要求交际者具有良好的文化适同能力，包括语言适应、文化适应和心理适应等。这一过程不仅涉及个体的认知和情感变化，还涉及行为和社会层面的调整。“双重文化、多重文化认同”能促进文化融合，有利于实现有效交际；具备全球性心态，避免“民族中心主义”，对文化差异有高度的敏感，具有批判性和整体性思考能力。

跨文化交际是实践活动，进行这种交际活动的交际者拥有不同的文化背景。因此，文化和交际本身以及两者的关系是跨文化交际研究的核心。此外，跨文化意识即参与者在跨文化交际中对文化因素的敏感性认知、理解尊重文化差异以及不断适应文化差异的能力。每个人都隶属于不同的群体，没有两个人的群体背景是完全相同的，在文化上每个人都应该是独特的，每个人的态度、价值和信念也可能存在差异。除了文化的多样性，在跨文化研究中还应特别关注不同文化背景下个体的独特性和多样性。我们应该多通过实证研究来深入探讨跨文化交际中的各种问题，以揭示其内在规律和机制。

（二）跨文化能力培养

国际化、创新型的外语人才是中国与世界沟通的桥梁，一流外语人才必须具备跨文化和多语境下的跨文化交际能力，这是外语人才的核心能力与素养。2018 年，教育部颁布了《普通高等学校本科专业类教学质量国家标准》，针对外国语言文学专业类学生提出了新的培养能力要求：外语专业学生应具备外语运用能力、文学赏析能力、跨文化能力、思辨能力，以及一定的研究能力、创新能力、信息技术应用能力、自主学习能力和实践能力。这是首次在国家层面制定的教学质量标准中对外语人才培养提出跨文化能力的要求。标准颁布以来，对高校外语教学中的人才培养模式产生了深远影响。

2009 年，联合国教科文组织发布了《投资于文化多样性与跨文化对话》的报告，提出了“文化扫盲”的理念，认为文化扫盲是扫除文化间交流障碍、超越“无知之间的冲突”的工具。2013 年，联合国教科文组织又发布了《跨文化能力概念与行动框架》。报告中将涉及跨文化能力的 25 个核心概念整合为一个有机的整体。报告将“文化”和“交流”视为跨文化能力的树根。其中，“文化”包括身份、价值、态度和信念，“交流”包括语言、对话、非言语行为。“跨文化对话”是树干的一部分，涉及专业领域的对话和非专业领域的对话。模型中的“跨文化交际能力”是跨文化能力这棵大树的一片叶子。王守仁对跨文化能力内涵提出新的界定，即“认知层面的跨文化知识，功能层面的语言融通，行为层面的创造性与主动性，跨文化交流中的责任感和思辨意识，然后讨论外语学生跨文化能力培养的途径：优化课程体系，在外语专业教学内容中有机融入中国元素；从语言技能训练上升到话语方式的掌握，融通中外语言、文化和思想、实现培养具有双向文化素养的跨文化交际人才。”

外语教学中跨文化能力培养应该根据跨文化内涵及外语人才培养具体实践需求合理拓展和创新。中国式现代化发展中的跨文化交际与国际创新型人才培养一是要真正避免偏“单维度”的语言习得，要强调外语教学的人文素养，以文化教学促进语言学习，帮助学生形成具有国际视野、具有跨文化意识、具备理论知识和交际实践技能的学习模式；二是要解构长期存在的二元对立思维模式，始终强调学生的批判思维与反思能力，避免盲目普及所谓西方文化，避免文化霸权和民族中心主义的产生；三是要倡导文化多元性和平等性，杜绝跨文化交流者本族文化认同和文化身份的缺失，在具有民族文化自信的前提下达到文化融合的交际目的。

西方大多数跨文化能力构建研究都是在不同的社会科学学科下展开的，其研究方法和方向各有差异。由于交际是社会中一个基本的过程，社会语言学和社会心理学被认为是这方面最具代表性的研究路径。这两种路径都有其优点和缺点，在实践中也因为都受到“路径依赖”而会产生失误。

长期以来，跨文化能力研究与交际能力研究是密不可分的。在 20 世纪 60 年代末 70 年代初，“交际能力”的概念开始兴起。海姆斯（Hymes）提出了交际能力的概念，其提出基础是对乔姆斯基（Chomsky）语言能力理论的批判和补充。Hymes 的观点是语言使用者不仅要能分辨语言是否符合语法规则，还要能判断语境是否适当，包括在什么时候、哪里及以何种方式，对特定的人说什么话。可以看出，Hymes 的研究范围比 Chomsky 更为广泛。如果仅仅存在 Chomsky 所描述的纯粹语言能力，那么人们就无法运用任何日常语言进行沟通交流。Hymes 所提出的交际能力理论的关键点是语言的适当性和有效性，强调语言运用必须符合特定的社会文化环境。交际能力是文化能力的组成部分而非另一个与其平行的概念。

随着跨文化交际成为国家之间交流的普遍现象，“跨文化能力”的概念也随着交流的发展而演变。“跨文化交际是自古以来就存在的现象，随着世界经济全球化的不断深入，来自不同国家、不同种族、不同民族的人与人之间的交流达到了前所未有的水平。”遗憾的是在不少跨文化能力研究及相关的培训实践中，跨文化能力往往被“简化”为与某一语言相联系的“文化能力”，或者附加在“语言能力”上的“文化因素”。

客观来说，某种语言与跨文化能力之间并无必然联系。虽然掌握这种语言可以帮助人们更好地进行交际，但这并不能证明他们已经掌握了跨文化能力，否则那些以此为母语的人就等同于天生具备跨文化能力，这与文化的“习得”本质是相矛盾的。尽管特定文化能力中有些东西可以“迁移”到跨文化交际环境中去，并可能产生正面作用，而且跨文化能力也常常是在人们已经习得的特定文化能力基础上发展起来的，但跨文化能力与特定文化能力有着不可忽视的根本性区别。跨文化能力是超越任何特定文化的能力，能使不同文化群体的人们在相互交往中更充分地实现各自的话语优势，在尽可能多地保留自己文化身份的同时又最大限度地接近与理解对方。跨文化能力不只是克服交际困难与障碍的更好途径，而且要突破特定文化给交际设定的程式和范围，使交际双方既能充分发出属于自己文化的声音，又能最大限度地相互接近和理解，以获得真正意义上的沟通。

跨文化能力是指个体在与不同文化背景的人进行交流时，所展现出的有效沟通、理解和适应的能力。这种能力涵盖了多个方面，包括语言能力、文化理解、交际技巧、心理适应等，语言能力是跨文化能力的基础。掌握并熟练运用一门或多门外语，能够使人更好地理解和表达不同文化背景下的思想和观念。同时，了解语言背后的文化含义和社会规则也是至关重要的，这有助于避免误解和冲突。文化理解是跨文化能力的核心。个体需要具备对不同文化的敏感性，能够识别和欣赏文化差异，理解不同文化背景下的价值观、信仰、习俗等。通过增强文化意识，人们可以更好地适应不同的文化环境，并与之和谐共处。交际技巧也是跨文化能力的重要组成部分。在跨文化交流中，个体需要掌握有效的沟通技巧，如倾听、表达、反馈等，以建立良好的人际关系，促进信息的有效传递和理解。同时，还需要学会处理文化冲突和误解，保持开放和包容的态度。心理适应也是跨文化能力不可或缺的一部分。在面对陌生文化时，个体需要具备良好的心理素质，能够应对可能出现的压力、焦虑和困惑。通过调整心态、增强自信、保持积极态度等方式，可以更好地适应新的文化环境。

在跨文化能力元素的构建研究中，霍尔（Hall）的著作《无声的语言》是跨文化传播（交际）学的奠基之作，具有宏阔的视野和深刻的洞见。霍尔在书中首次提出了“文化即交流”的命题，并按知觉程度将文化分为显形、隐形和技术性三个层次，按内部构造将文化分为元素、集合和模式。他系统讲解了直观而实用的“文化教学示意图”，并对文化变革进行了解说。霍尔进一步分析了在跨文化交流（传播）中时间和空间的作用，并举例证明了不同的文化对时间和空间的态度大相径庭。他强调跨文化交流（传播）的重要性，提倡摒弃文化中心主义、社会达尔文主义等思想在跨文化交流中的危害，尊重、认识、理解不同的文化，以实现更好的交流。《无声的语言》在传播学的发展中给人启迪，有助于人们挣脱文化枷锁，逃离文化囚笼，在“和谐世界”的构建中给人信心。它扫荡隐形障碍，提高文化觉悟，激励世界各国人民互相学习和尊重，其出版标志着跨文化交际学的诞生，其理论深度和实践指导意义至今仍被后人所称道。

著名的跨文化学家罗本（Ruben）就认为跨文化能力至少包括交际者的态度、客观性、认知能力、共情能力、适应能力和反应能力等诸多因素，Ruben 的跨文化理论在跨文化交际领域中具有重要地位。他提出的跨文化交际能力模型为研究者提供了一个全面而深入的框架，用以理解和评估个体在跨文化交流中的表现。Ruben 的理论强调了跨文化交际能力的多维度性，包括语言能力、交际策略、对文化差异的敏感性和适应性等关键要素。他强调了语言能力在跨文化交流中的重要性。他认为掌握目标语言的基本知识和技能是进行有效跨文化交流的基础。这包括语音、语法、词汇等方面的知识，以及听说读写等技能。交际策略的运用也是 Ruben 跨文化理论中的一个关键方面。他提出成功的跨文化交际者需要能够根据不同的交流情境和文化背景选择合适的交际策略，如合作、妥协、回避等。这些策略有助于减少误解和冲突，促进信息的有效传递和理解。Ruben 的理论还特别关注了个体对文化差异的敏感性和适应性。他认为成功的跨文化交际者需要具备对不同文化的开放心态和尊重态度，能够识别和欣赏文化差异，并灵活调整自己的行为和态度以适应不同的文化环境。

分析和构建跨文化能力的内涵可以为跨文化能力发展提供重要的新思路，深入研究跨文化能力，要求我们必须具备足够宽广的跨文化视野，并打破西方理论框架的束缚，重新思考跨文化能力形成的过程。我们需要抛弃过于注重效用的旧理念，要从现代化、国际化和创新型的角度出发，认真思考跨文化交际与跨文化能力的重要性。

文化能力的构建是一个复杂而多维的过程，涉及多个方面和层次的努力。以下是一些关键步骤和策略，有助于提升个人的文化能力：

增强文化意识：要认识到文化的多样性和复杂性，理解不同文化背景下的价值观、信仰、习俗和行为方式。通过增强文化意识，我们可以更加开放和包容地对待不同文化，避免刻板印象和偏见。

学习文化知识：通过学习历史、文学、艺术、宗教等方面的知识，可以深入了解不同文化的内涵和特点。这些知识有助于我们更好地理解和欣赏不同文化，提高跨文化交流的能力。

提高语言能力：语言是文化的重要载体，掌握一门或多门外语是提升文化能力的重要途径。通过语言学习，我们可以更直接地接触和了解不同文化，提高跨文化沟通的效率。

培养跨文化交际技巧：跨文化交际技巧包括倾听、表达、反馈、解决冲突等方面的能力。通过培养这些技巧，我们可以更有效地与不同文化背景的人进行交流，减少误解和冲突。

参与跨文化实践：实践是提升文化能力的关键。通过参加国际交流、文化活动、志愿服务等实践活动，我们可以亲身体验不同文化，加深对文化的理解和认知。

开放和尊重的态度：在构建文化能力的过程中，我们要保持开放和尊重的态度，尊重不同文化的差异性和独特性。通过相互学习和借鉴，我们可以不断丰富自己的文化内涵，提高文化适应能力。

文化能力的构建是一个长期而持续的过程，需要我们在多个方面和层次上付出努力。通过不断学习和实践，我们可以逐步提升自己的文化能力，更好地适应多元化的世界。

第二节　新文科视域下的跨文化交际能力培养

跨文化交际动力源于多个方面，如文化差异的吸引力、全球化进程的需求、个人成长和职业发展的需要，以及国际交流与合作的推动。文化差异本身就是一种强大的动力。不同文化背景下的人们在价值观、信仰、习俗等方面存在显著的差异，这些差异为跨文化交际提供了丰富的素材和广阔的空间。跨文化交际能力是指在语言和文化背景存在差异的不同人之间进行的交际活动，即本族语者和非本族语者之间的交际。当我们与具有不同社会制度、宗教信仰、价值观、文化传统、道德观念或思维方式的人进行交流时，我们需要仔细考虑如何使用恰当的交际技巧，以在适当的语境中实现有效的沟通。在进行不同文化之间的交流时，我们需要具备跨文化交际能力，这个概念在跨文化学科中具有极为重要的地位，其常被称为跨文化交际（CCC）、跨文化沟通能力（TCC）及跨文化交际能力（ICC）。这三个概念的具体侧重点不同。CCC 注重文化交流，主要关注的是本族语与非本族语之间的交流能力；TCC 和 ICC 用于形容跨越不同国度、族群和地域的文化交流能力，注重比较不同文化之间的差异。

（一）跨文化交际能力培养的新目标

中外学者多年来针对跨文化交际能力的涵义和组成要素进行了广泛研究，并进行了不同的内容诠释。在西方学者中，斯皮茨伯格（Spitzberg）的观点被认为具备代表性。他从广义层面将跨文化交际能力定义为在某一特定语境中适当且有效的交际行为；勒斯蒂格（Lustig）和科斯特（Koester）认为跨文化交际能力的组成部分包括交际语境、交际双方及交际行为的有效性和得体性、交际知识、交际行为、交际目的；怀斯曼（Wiseman）在综合之前学者研究的基础上，强调跨文化交际能力指的是能够准确并有成效地与来自不同文化背景的人进行交流所需的动机、知识与技巧。也有西方学者认为，研究跨文化交际能力应从社会学、心理学和交际学等角度出发。Wiseman 的看法已经被证实并获得了广泛认可，这具体体现在多项研究结论中。运用跨文化知识，交际者能够更加灵活、更具目的性地进行跨文化交流；跨文化交际能力指的是在与来自不同文化背景的人进行交际时，能够抱以特定动机，运用所掌握的知识和技能，通过有效而适当的方式进行沟通和交际。

中国学者对跨文化交际能力也进行了一系列的研究。在贾玉新看来，跨文化交际能力包括基本交际能力、情感和关系能力、情节能力以及交际方略这四个方面，他据此提出了相应的跨文化交际能力系统；按照陈国明的看法，我们可以从认知、情感和行为对应的三个层面来思考跨文化交流的能力。这三个层面相互关联，但各自具有独特的特点。杨盈、庄恩平认为，跨文化交际能力涵盖多个系统，具体包括全球意识、知识能力、文化调适能力、实践能力等四个系统。若要在跨文化交流中游刃有余，必须同步掌握通际技能和跨文化技能；按照上述观点，交际能力由语言运用、语用、和交流策略构成，而跨文化能力则包含对不同文化特点的感知、宽容性以及应对文化差异的处理能力，二者共同构成跨文化交际能力。

（二）跨文化交际能力培养和文化传播模式

交际是一种通过使用符号来传递信息、解释信息的过程，人们通过交际可以达到彼此理解的共同目的。在交际过程中，发送信息一方和接收信息一方会按照各自所处文化背景中的规范对信息进行编码、释码、解码。当交际双方使用的文化规范体系相同时，二者之间的“交际”实际上是同文化交流；交际双方对应的文化规范体系不同时，二者之间的“交际”就属于跨文化交际。关世杰运用图表表示交际者的信息编码系统，解释同文化和跨文化交际的含义。现实中典型的相离或重合的情况是不存在的。无论两种文化有多大的差异，都会有相同之处，这是交际的基础。反之，处在同文化中的两个交际者，他们在编码、释码和解码的过程中所运用的规则也不可能完全相同。典型跨文化交际与典型同文化交际如图1–2–1所示。

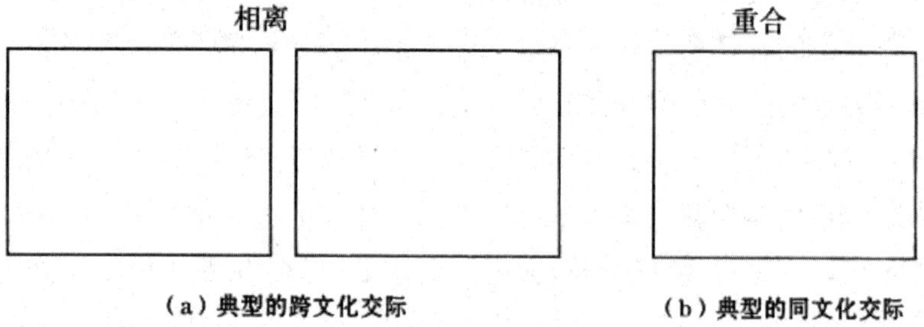

图1–2–1　典型跨文化交际与典型同文化交际

理论上跨文化交际和同文化交际，两个正方形重叠部分较小代表交际者的信息编码相似性小，属于跨文化交际；正方形重叠较大说明双方信息编码相似处多，属于同文化交际。跨文化交际与同文化交际如图1–2–2所示。

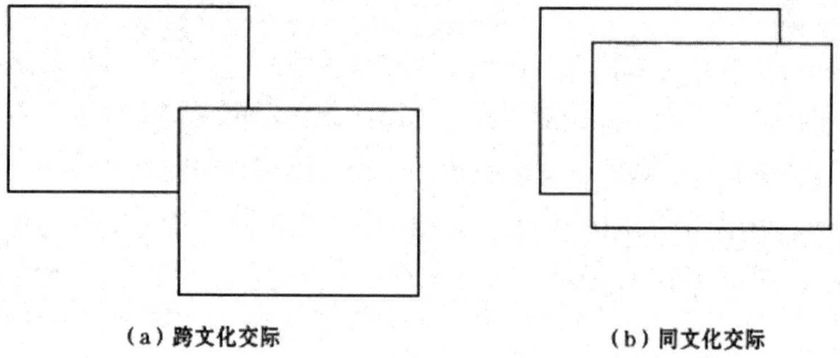

图1–2–2　跨文化交际与同文化交际

跨文化交际被认为是来自不同国家、不同语言背景、不同信仰和不同观念的人群或个体之间的互动。在不同人群之间建立联系就会涉及种族、民族、文化背景、多元群体等因素。跨文化交际和同文化交际的过程和本质基本类似，每个人在文化、社交互动、生活哲学、受教育程度和个人喜好等方面都有或多或少的区别。每个人都可被视作独特的微小文化，人际交往都会涉及跨文化交际因素。

1948 年，拉斯韦尔（Lasswell）提出了信息交际模式，即“5W”模式。“5W”侧重促进传播效果却忽视了交流双方的互动回应。拉斯韦尔传播模式如图 1-2-3 所示。

图 1-2-3　拉斯韦尔传播模式

1949 年，香农（Shannon）提出了“SMCR 模型”，描述信息传递的过程，说明传播行为的基本过程。这一模型包括信息来源（Source）、信息（Message）、信息传送渠道（Channel）以及信息接收器（Receiver）等要素，但该模型的缺陷是仍缺乏交流者的交互反馈。施拉姆（Schramm）提出环形双向交际模式，交际过程信息发送者和信息接收者角色不断互换，交流参与者既是信息发送者也是信息接收者，参与者共同参与整个交流过程。信息传递和信息反馈的过程需要交际者进行编码、解码和译码。这种交际模式广泛适应于概括人际交流情境，有助于人们理解不同文化间的交际。施拉姆循环模式如图 1-2-4 所示。

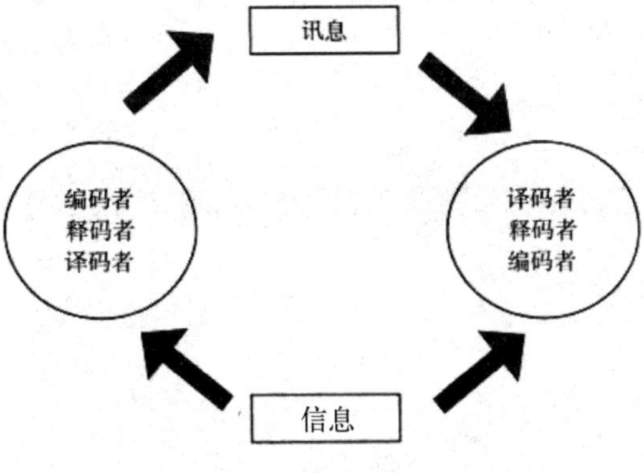

图 1-2-4　施拉姆循环模式

基于上述不同模式所展示的跨文化交际的过程、特点和影响，关世杰参考施拉姆的交流模式，进一步把文化交流概括为三个阶段：信息的加工编码、通过特定的渠道传输信息及信息的解读解码。这三个阶段彼此之间有密切的联系，在进行编码和解码时，我们需要使用不同文化所采用的码本。关世杰与施拉姆两位专家在传播性领域具有深入的研究，他们在研究跨文化交际时站在传播学的视角，主要关注交际者的交流与表达方式。按照关世杰所提出的“跨文化交际过程的模式”，甲文化信息发出者会运用他们自己独有的编码方法和标准（码本）来组织传播信息，并借助特定的信息传递通道将信息传递给乙文化信息接收者。乙文化信息接收者要想对这些信息进行解析，必须使用乙文化特有的编码规则和算法（码本）加以解码。因为文化具备相似性特征和差异性特征，乙文化信息接收者解码后得到的信息可能与原始信息（甲文化信息）的含义不仅存在相同点，也会存在不同之处。基于这些信息，乙文化信息接收者会构建出意图或做出回应，然后按照乙文化的规则和约定（码本）对这些意图或回应进行重新编码，并将编码后的信息反馈给甲文化的信息发送者。传播学者视角的跨文化交际过程如图1–2–5所示。

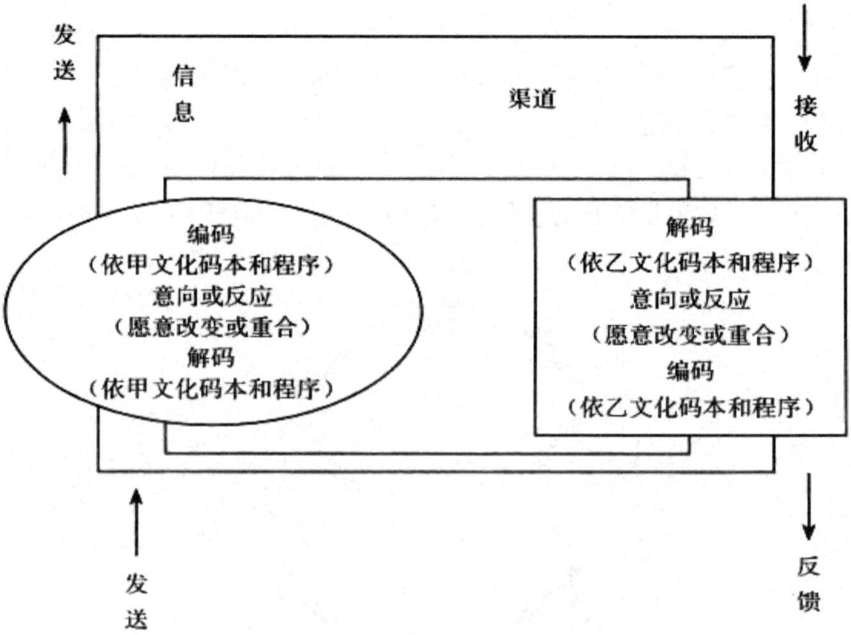

图1–2–5　传播学视角的跨文化交际过程

唐恩（Donn）在跨文化交际模式中从文化学者的角度探讨了跨文化交际的过程及模式，文化并非仅仅是产生交际者差异的根本原因。“感知文化差异”受人际关系和个人性格的影响。跨文化交际过程会导致交际者心理因素的不确定与紧张。没有正确运用交际方法，固守思维模式规范或回避、对抗目标文化，可能会导致无效或低效的跨文化交际结果。交际者灵活的沟通技巧和对文化差异的包容态度有助于建立以交际双方共同点为基础的第三种文化——C文化。C文化基于双方共性，能够协助双方在共同的语境下运用相关的交际技巧和语言知识，实现高效良好的沟通；反之，有效的人际交往可以促进 C 文化的传播，让来自 A、B 两种不同文化的人建立良好的互动关系。Donn 跨文化交际模型如图 1–2–6 所示。

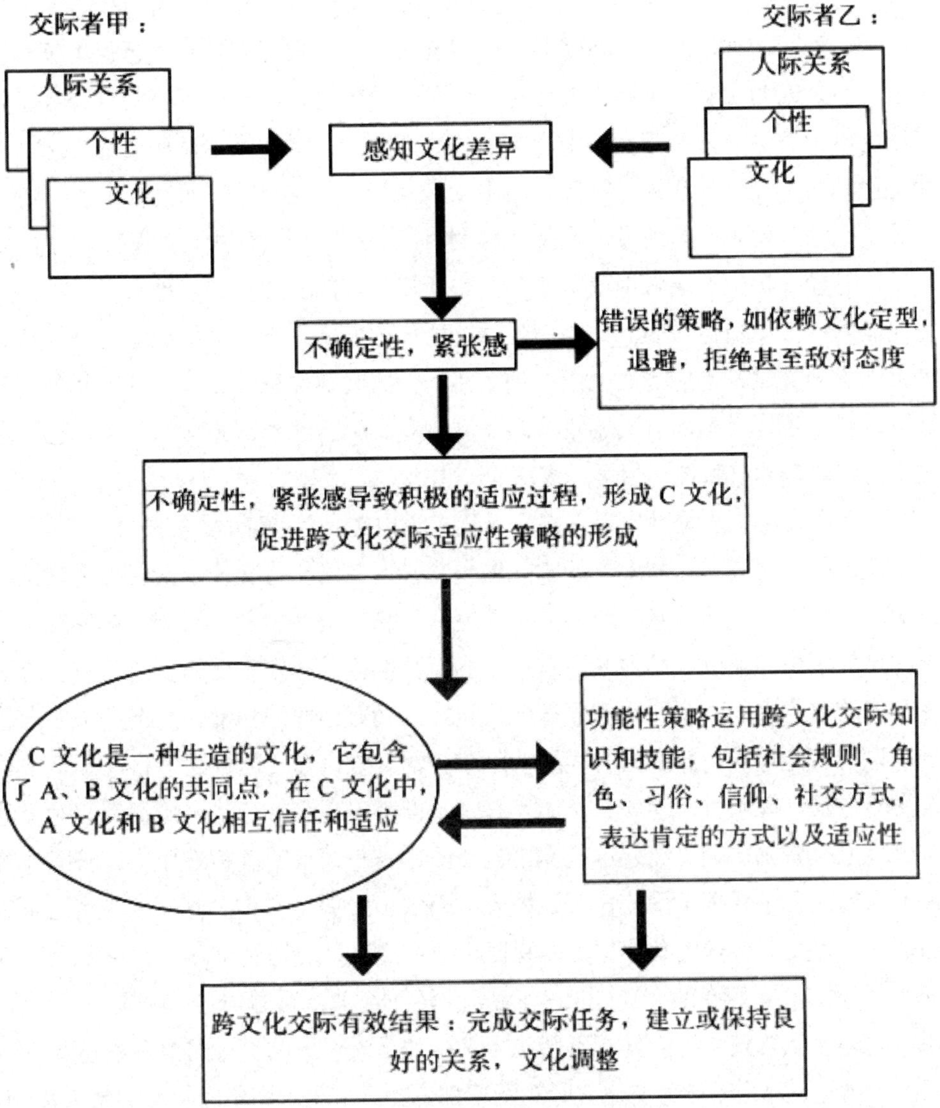

图 1–2–6　Donn 跨文化交际模型

Donn 的跨文化交流模型深入探讨了许多影响跨文化交际的要素，涵盖了双方文化背景、环境情况以及人际等多方面内容。该模型不仅为人们呈现出整个跨文化交际的过程，还提供了实践性的交际策略和目标。该模型反映了跨文化交际实践的各方面：跨文化交际能力的定义、交际过程、交际策略及评估维度。

跨文化能力培养过程应以本族文化和目标文化的“双向文化交流”为基础，通过对比的方式向学生呈现文化的不同之处。从日常生活、社会生活、文学和影视作品都可见西方人所秉持的价值观。“个人主义”是西方价值观的核心，注重个体和自我，例如，西方人通常习惯分摊餐费，大多数西方长者不愿意与子女同住，这不是因为子女不孝顺或长者不会感到孤独无助，而是因为他们重视自身独立性，不希望过分依赖子女。中国文化普遍倾向于强调集体主义和家庭观念，这种文化倾向不仅反映在人们日常生活中的家庭和社交交往上，而且在电影、电视作品中也深刻体现，与西方文化形成鲜明对比。在外语教学中，教师带领学生学习文化有助于学生更深入地了解所学语言所属国家的文化特点，也有助于学生更好地理解语言中所包含的文化信息。通过这样的方式，学生不仅能够更好地理解和感知不同文化，还能提高他们本身在使用外语时的准确性和恰当性。此外，教师可以让学生探究中西方文化差异，如价值观和教育理念，并帮助学生在进行跨文化交际时合理有效地运用交际策略。

人们在交际中会呈现出无意识交际和有意识交际两种形式。在跨文化交际中，无意识的行为可能会违反对方的文化准则，导致在跨文化交流中常会出现错误或误解。交际中，许多信息的传递方式不完全依赖于语言规则，而更多地依赖于共同约定的惯例。所以，了解非语言行为的规范同样是非常重要的。跨语言、跨语境交流的过程中同一个行为动作都会被认定为具有不同的涵义，甚至一个无意的举动也有可能导致交际双方的误解。除了言语之外，在交际过程中存在一些非语言交际方式，如眼神、手势、身体姿态以及面部表情等，这些方式也都会对交流的效果产生多种影响。而且这些非语言交际方式与语言交流相辅相成，可以在各种不同的场合中发挥不同的作用，补充、否定、强调、调整、替代或突出信息等都是非语言交际方式的具体体现。相比于语言交际，非语言交际不具备明确的规则和符号。在跨文化交际中，非语言交际扮演了至关重要的角色。同样一个手势，在不同的文化背景中可能具有不同的含义。如果对对方的文化习惯不熟悉或没有深入了解过，那么进行跨文化交际的双方都可能会在无意中给交际行为带来影响。

上文提到了文化差异是跨文化交际中出现沟通难题的主要因素，这些因素主要涉及语言、非语言和文化领域。并且，文化差异并不仅仅存在于不同的文化背景之间，同一文化背景内的人也可能存在多种区别。所以，人们在实际生活中进行交际时，无法保证完全了解对方的文化和背景，更无法保证完全掌握对方的交际“雷区”，因此交际过程中出现障碍这一现象是不可完全消除的。作者认为，实现跨文化交际并非仅仅在于消除沟通障碍，更重要的是进行语言、信息的编码和解码，这是一个相当复杂的过程，也是交流的本质。由于跨文化交流涉及文化差异以及其他相关因素，交际本身就是一种极为复杂的行为。克拉姆契（Kramsch）认为，在语言学习中，文化附属于听、说、读、写教学之中，是一种必不可少的技能。如果只关注与语言有关的社会动态，不能深刻洞察社会和文化的结构，在跨文化交际中就可能产生矛盾。所以，文化的教授在英语课堂中是必不可少的，如何在教学中融入文化是值得我们探索的重要问题。这说明交际有效代表信息接收者能够理解信息发出者所想要表达的意义。在实际的跨文化交际中，不存在像文化规范一样严格的约定。如果对方无法理解我们的隐含语境，我们可以直截了当地表达。只要我们对不同文化表示尊重，即使是对其中的某些方面持有不同意见，我们也可以做到有礼有节地与对方进行交流。

第三节 新文科视域下的跨文化交际学

1959 年 Hall 的《无声的语言》问世，被认为是第一部跨文化交际学著作，标志着跨文化研究自此成为一门独立学科；1970 年国际传播学会正式成立了跨文化交际学分会；1974 年《国际与跨文化交际学年刊》创刊。20 世纪 80 年代，跨文化交际研究这一概念通过外语教学相关研究引入国内，重点关注外语教学中的跨文化差异以及语言与文化的关系。国内翻译出版了多部外国跨文化交际学名著，如萨莫瓦（Samovar）的《跨文化传统》以及莫滕森（Mortenson）的《跨文化传播学：东方视角》。许国璋于发表的《Culturally-loaded Words and English Language Teaching》的一文被学界认为是中国跨文化交际学的开始，跨文化交际学相关学术研究在我国迅速发展。何道宽在《介绍一门新兴学科——跨文化的交际》一文中，率先将跨文化交际作为一门学科向国内学者进行介绍，探讨了这门新兴学科的基本内容、理论及其研究成果。文章最集中论述的是文化与交际、跨文化交际与外语教学、语用学、和非语言交际等知识层面的维度。1990 年之后的研究见证了国内多部重大学术专著的出版，如关世杰的《跨文化交流学》、贾玉新的《跨文化交际学》和胡文仲的《跨文化交际学概论》等。高质量的丛书对推动和深化国内的跨文化交际研究产生了深远影响，深入探讨了跨文化交际学的发展历史、研究内容及其与外语教学的紧密关系和研究开展方法。

（一）跨文化交际学的起源与发展

跨文化交际学首先在美国兴起是合乎逻辑的。美国是一个移民国家，除了印第安人以外，其他人都是先后来自其他国家和地区。美国有来自欧洲、非洲、亚洲、拉丁美洲、大洋洲各国的移民。因为文化习惯和风俗传统不同，他们彼此的交流可能存在障碍。因此，跨文化交际学成为研究者们特别关注的领域。1959 年，Hall《无声的语言》一书得以出版，为跨文化交际学的研究与发展奠定了坚实基础。《无声的语言》深入研究了时间、空间和人际交往之间的相互作用。在他看来，人们在阐述时间和空间的含义时，会因其所处的不同文化背景呈现出明显的差异。

跨文化交际学在欧洲发展较晚，且具有不同的传统。总的来说，跨文化交际学与语言学的联系更密切。跨文化交际学被承认为一个独立的学科是比较近的事情。在英国开设跨文化交际学课程的高校比较少。苏联的跨文化交际学主要体现在它的国情语言学方面。总体看来，在欧洲，跨文化交际学的发展可以总结为三点：①苏联的国情语言学与社会语言学和交际法的发展有密切的关系；②国情语言学主要研究词语的文化内涵，兼及交际文化、身势语等；③国情语言学既包括高层次的文化研究，也包括在实际教学中的应用。

在中国，跨文化交际学的发展史并不长，大约始于 20 世纪 80 年代初期，当时人们开始关注这个领域的问题。在最初阶段，跨文化交际学注重教授外语，并重点探究语言与文化之间的联系。80 年代中期，我国高校开始逐渐设立跨文化交际学课程，包括北京外国语高校、黑龙江高校、哈尔滨工业高校、福建师范高校、云南高校等。有关跨文化交际的书籍也陆续出版。从已经发表的著作和论文来看，我国学者的研究集中于以下几个方面：①语言与交际关系；②非语言交际；③中西习俗对比；④中西管理模式比较；⑤国民性研究。对于跨文化交际学的理论与研究方法也有一些探讨，从参与者的学术背景课可分为外语教师、对外汉语教师、语言学研究者、心理学和管理学学者。

作为跨文化交际学的发源地，美国开创了跨文化交际学研究的先河，随后欧洲也跟着兴起，至今该类研究已经蓬勃发展，学界不断涌现新的学说和模型，实践研究也不断推动着跨文化交际学的发展。我国对跨文化交际的相关研究起步较晚，但自 20 世纪 90 年代中期一些学者引进国外相关研究成果以来，我国在跨文化交际学领域已经取得了显著进展。目前，我国有很多学者正在不断深入研究这个领域。由于长期以来西方学术传统和文化背景在跨文化交际研究中占据主导地位，国内跨文化交际学的理论构建还存在不足，跨文化交际研究的深度受到了限制，需要更深层次的思考与探讨。本书将对跨文化交际能力培养的构建进行探究反思，希望通过相关研究有效探索新文科视域之下跨文化交际能力培养的新途径。

目前，大部分跨文化交际能力培养的重点还仅限于语言交际、非语言交际及文化习俗等文化浅层知识方面，文化差异意识不强，文化中心论和非此即彼的二元对立理念仍有一席之地。作为相关学科，人类学、社会学、心理学及语言学都对跨文化交际能力的塑造有关键性影响，要实现跨文化交际的成功，交际双方必须理解并共同认可彼此文化差异的存在。在交际过程中达成共识有助于跨文化交际双方加强合作，促进双方之间跨越语言、非语言、价值观念、思维方式和认知行为等方面的障碍，确保交际双方相互理解。文化差异在跨文化交际中是一种普遍现象，它可能会导致交流双方难以适应彼此的文化观念，影响交际效果，甚至造成交际失败，且导致失败的原因往往是深层次的价值维度差异。进行跨文化交际时，交际双方互相融合彼此文化元素，达成共识，创造出新的共享文化，达到双方都能够实现成功交际的目标。所创造出来的新共享文化即不同于两方本族文化的“第三文化”，它扮演着重要的桥梁，促进异源文化的理解和沟通。跨文化交际能力的培养途径应关注如何建立“第三文化”，从学科范围融合语言交流、非语言交流、交流途径与语境、价值观与思维模式和认知行为等各方面的技能，主要可概括为以下三点：

①认知。认知是指人们获得知识或应用知识的过程以及信息加工的过程，这是人最基本的心理过程。它包括感觉、知觉、记忆、思维、想象和语言等。跨文化交际个体通过感觉、知觉、记忆、思维等认知活动获取关于目标文化的信息，经过大脑的加工处理，转化为心理活动和知识，并进而指导个体的行为和决策。跨文化认知的过程包括信息的接收、加工、存储和提取等阶段。在认知过程中，个体会对信息进行筛选、组织、解释和推断，以便更好地理解和应对具体交际环境。

②价值观念。东西方人的价值观念存在显著差异。价值观受多种因素影响，包括文化、家庭教育、教育体系、社交圈子、媒体影响以及经济因素等。这些因素交织在一起，共同塑造了个体的价值观。中国的文化素以谦虚、礼让和勤奋学习的美德而著称，这种价值观念不仅深深植根于社会、学校和家庭教育中，也被用来培养下一代。所以，我们常常根据这个固定的准则来评价人们的道德行为、人生观、世界观。西方文化强调个人努力的价值观，并将个人的成功视为人生价值的重要衡量标准。在西方文化背景里，无论在个人生活层面，还是在集体层面

和国家层面，追求成功和创新观念都是被重点关注的。

③思维模式。定向思维与定量思维指交际者可以通过思维对各种事物进行概念化的思考，进而进行分析、综合、判断和推理等心理活动。个人的文化背景、知识体系、社交或职场环境和生活习惯都会使他们塑造出独特的思维模式，如形象思维、抽象思维、逻辑思维和定向思维等。这表明人们在应对同一问题时，采用的思维方法各不相同。由于存在思维上的差异性，人们会对同一个事物产生不同的看法，很难相互理解和达成共识，进而影响彼此之间的交流和合作。尽管思维模式差异经常会导致跨文化合作产生误解，但这一现象并不被人们广泛知晓。从思维方式层面看，相对于其他文化背景下的人，西方人更倾向于运用定量分析和逻辑推理来研究问题，他们善于从事物的现象中提炼本质，并总结出其演变规律。采用这种方式不仅能够有效解决眼前的问题，还能够预防将来出现类似的情况。那些具备卓越逻辑推理能力的人，其思维迅捷敏锐，创意丰富，这类人往往具备高水平的决策能力。中国文化注重直觉和先验理性，这一特点使中国人在处理问题时更加倾向于以经验为基础，进而塑造出各种定向思维。这类定向思维不仅可能使我们更加高效、更为便捷地处理我们以往遇到过的类似问题；但也可能使我们在新形势的大背景下，因所处文化背景不同而对产生的问题无从下手，这是因为解决这类问题需要更多的方法和技能，单凭经验是不够的。具备定向思维的人倾向于持实用主义的态度，只有在遭遇困难和障碍时才会思考并寻找解决方案。上述两种思维方式没有优劣上的分别，我们应该抱着二者相互配合的观念对其加以使用，以达到最佳效果。

（二）跨文化交际的学科交叉与融合

跨文化交际学的发展与其他学科密切相关，特别是和人类学、社会学、传播学、语言学、文化学等学科相互融合。跨文化学科的拓展及与其他学科相互融合的理论与研究成果对跨文化交际学的研究产生了重大影响。

外语教育语言学是一门专门研究外语教学的学科，该学科以国外教育语言学为基础，近年来被中国的一些外语教学研究者引入国内，并逐渐形成了一套系统的理论学科。“外语教育语言学”这一学科名称精准地描述了外语教学研究的主要方向和内容，它的出现为外语教学研究打下了坚实的基础，也使得外语教学研究成了独立的学科。语言学的出现正是由这一研究不断深入的结果。

1972 年哥本哈根第二届应用语言学年会上，美国语言学教授斯波斯基（Spolsky）提出了教育语言学的概念，标志着新研究领域的出现。Spolsky 强调，教育语言学是将语言学和教育学结合起来的学科，其本质上是以教育心理学和教育社会学为基础的一种教育术语。教育语言学不赞同将语言学视为一种备用工具，而强调人们需要从教育层面出发，进行充分的学术考虑和权衡。

通过综合分析国内外专家对教育语言学的研究成果，我们可以发现外语教育语言学本质上是一门将理论性和实践性相融合的学科。这门学科结合了语言学、心理学、教育学的理论知识，且以外语教学实践为基础，研究外语教学的基本规律以及有效的教学方法。它的目标是促进我国新型外语教学语言学理论的发展，以实现实践教学和理论研究综合体系的构建。

我们根据上文内容可以得出结论：外语教育语言学是一种具备边缘性特征的交叉学科，该学科旨在解决外语教学实践中的具体问题。它结合了语言学和其他相关领域的理论和原则，并致力于提高外语教育的质量。通过对语言学及相关学科的研究成果进行整合，外语教育语言学能够帮助我们全面分析和描述外语学习的各个环节，并深入探究适用于外语教学的原则和假设，并在此基础上制定一种适用于外语教学的语言教学模式。在外语教育领域，语言学及其相关学科和教育学及其相关学科的研究成果相互支撑、互相促进，这些成果为外语教育提供了可信的理论基础和实践理念。

在进行外语教学时，我们需要更深入地探究人类个体在进行语言学习和教学过程中所扮演的角色以及相应的机制，不应仅局限于对语言本身的理解和认知。所以，在构建外语教育的语言学理论体系时，我们必须深入考虑到以下三个因素：语言学、语言习得和语言学习、语言运用。这也从侧面告诉我们，外语教育语言学与心理语言学、社会语言学以及教育学等领域在理论知识上密切相关。

外语教学需要解决的核心问题可概括为“教什么内容”和“以什么方式进行教学”。对于“教什么内容”的问题，我们需要深入地理解所掌握语言的基本属性，其中包括语言结构、语言意义和语言用法等，简单而言就是普通语言学与社会语言学的知识内容与技能；对于“以什么方式进行教学”的问题，我们要聚焦于外语教育的实际操作，理解教学基本原则和基本方法。为了确保教学的有效性，我们需要对外语学习者的特点、教学环境和学习过程进行仔细研究，以选择适当的教学原则和方法。对此，我们进行全面深入的调查研究，结合多方面相关学科领域的知识，如心理语言学、认知语言学、教育学和跨文化交流学等。下文作者将探讨外语教学与语言学之间的相互影响。

20 世纪 70 年代见证了跨文化交际学的诞生与兴起。在 20 世纪 80 年代，我国开始系统研究这一学科领域。跨文化交际学研究的是人们在跨文化交往中所遇到的困难和矛盾。现实社会里，经常会出现在跨国、跨语言和跨文化交流中存在明显差异的现象，而语言的产生、变化和发展直接受文化差异的影响。在社会文化规范下，行为若出现偏颇，很可能会扭曲言语所要表达的原意，甚至会创造出全新的意义。跨文化交际研究的主要目的是探索在不同的文化背景下，人们所处社会和观念方面的不同之处。只有真正了解并掌握不同文化之间的异同，人们才能有效地与其他文化成员进行交际，并消除因观念不同而出现的障碍，使得跨文化交际行为收获最佳效果。我国高校已开始调整外语教学方向，不再仅仅注重学生阅读和听力技能（获取信息）的培养，而是更加强调提高学生的语言交流能力，包括口语、写作和翻译。同时，更加注重学生掌握语言使用和跨文化交际策略的熟练程度。为了实现这一目标，我国高校应借鉴跨文化交际学的研究成果来优化外语教学的模式，并选择更优秀的内容制定教材，同时还要制订更全面、更合乎实际的考试方式，这样学生的跨文化交际技能和语言应用能力将会得到显著增强。

跨文化交际学作为一门独立的学科，与许多其他相关学科密切相关。跨文化交际学在其演进历程中，充分借鉴和融合了其他相关领域学科的研究成果，从而为本学科建立了坚实的发展基础。跨文化交际学能够与相邻学科的发展保持紧密的沟通状态，同时也需要基于不同学科之间紧密的协作和合作，这些学科包括语言学、教育学和社会学等。跨文化交际学作为一门独立的学科，需要构建适合自身学科发展的理论框架。

当代学者 Samovar 对于文化是这样界定的：“文化是一个大的人群在许多代当中通过个人和集体努力获得知识、经验、信念、价值、态度、角色、空间关系、宇宙观念的积淀，以及他们获得的物质的东西和所有物。文化表现在语言的模式以及活动和行为的样板中，它使得人们得以在特定的技术发展阶段、特定的时间、特定的地理环境的社会里生活。”这个定义企图把文化的外延尽可能扩大。人类学家泰勒（Tylor）在《原始文化》一书中针对文化给出的定义是所谓文化和文明乃是包括知识、信仰、艺术、道德、法律、习俗以及包括作为社会成员的个人而获得的其他任何能力、习惯在内的一种综合体。关于文化的维度，克鲁康（Kluckhohn）提出以下看法：①文化是人们通过长时间的努力创造出来的，是社会的遗产；②文化既包括信念、价值观念、习俗、知识等，也包括实物和器具；③文化是人们的行动指南，为人们提供解决问题的答案；④文化并非生而知之，而是后天所学会的；⑤价值观念是文化的核心，可以根据不同的价值观念区分不同的文化。文化的定义对于我们了解文化的基本性质具有极大的意义。避免跨文化交际失误最原始的方法是介绍异国文化习俗和两国之间的文化差异。Kluckhohn 和斯特洛德贝克（Strodtbeck）提出跨文化交际中的价值标准，明确具有两国文化差异的认知是无法避免在跨文化交际中的失误的。只有深入学习隐藏在文化差异之后的交际双方价值维度才是有效跨交际的前提。通过加深对跨文化交际、语言与文化、语言与思维及外语学习与教学之间相互关系的了解才能促进跨文化交际学的发展。

第二章　新文科视域下的跨文化交际能力培养理念

新文科视域下的跨文化交际能力培养理念旨在培养具备全球视野、跨文化理解能力和交际技巧的新时代人才。这一理念强调在经济全球化背景下，人才培养应注重跨文化交际的深度和广度，以适应日益复杂的国际环境。新文科视域下的跨文化交际能力培养理念强调全球视野的拓展。这意味着学生不仅需要了解本国文化，还需要对世界各地的文化有深入的认识和理解。通过学习和研究不同文化的价值观、思维方式、行为准则等，学生能够形成开放、包容的心态，更好地适应全球化时代的需求。跨文化理解能力的培养是该理念的核心内容，这包括对不同文化背景下的交际行为、社会现象以及人们的思想观念进行深入分析和解读。通过对比分析不同文化的异同点，学生能够增强对文化多样性的敏感性和洞察力，提高在跨文化交际中的应对能力。

新文科视域下的跨文化交际能力培养理念还注重跨学科融合。在课程设置和教学内容上应打破学科壁垒，将语言学、传播学、社会学、心理学等相关学科的知识融为一体，形成综合性的跨文化交际能力培养体系。这样不仅能够拓宽学生的知识视野，还能够增强学生在解决实际问题时的综合能力。新文科视域下的跨文化交际能力培养理念旨在通过全球视野的拓展、跨文化理解能力的培养、交际技巧的提升以及跨学科融合等方式，培养具备全球竞争力和跨文化交际能力的新时代人才。

第一节　关注全球视野与跨文化理解

语言和交际之间存在密不可分的关系。语言是人类最重要的交际工具，是进行思维、反映思想、表达情感、记录思维成果的工具，是人们进行沟通交流的表达符号。无论是口头语言还是书面语言，都可以用来传递信息，使人们在交流中能够更准确、更有效地传递信息。语言的交际功能体现在信息传递上，人们通过语言交流意见、分享知识、传达指令，从而实现信息的共享和流通。语言使得人们能够跨越时间和空间的限制，将信息传递给远方的他人，或者将历史的知识和经验传承给后代。

（一）跨文化能力培养与外语教学的交叉

语言的交际功能还体现在情感表达上。语言是人们表达情感的重要途径之一，通过语言，人们可以表达自己的喜怒哀乐、爱恨情愿等情感。语言使得人们能够更好地理解他人的情感状态，增进彼此之间的情感联系，从而建立更加紧密的人际关系。

语言的交际功能还有助于社交互动。社交是人类生活中不可或缺的一部分，而语言的交际功能使得社交互动更加便捷和顺畅。通过语言，人们可以与他人交流、互动，增进彼此之间的了解和友谊。语言使得人们能够更好地融入社交环境，促进人际关系的发展。任何一种外语语言和交际技能之间都存在着密不可分的关系。语言作为交际的工具和媒介，使得人们能够进行有效的信息传递、情感表达和社交互动，从而推动社会的发展和进步。

语言知识和语言技能都是语言能力的组成部分，都是语言学习的目标。两者之间相互影响，相互促进。美国人类学家萨丕尔（Sapir）及其弟子沃尔夫（Whorf）提出的萨丕尔——沃尔夫假说阐述了语言与思维的关系。核心观点是语言决定思维，即语言结构是文化结构的本源和决定因素，语言表达文化，决定文化，支配着人们的思维，并形成人们的世界观。具体来说，萨丕尔先提出语言、文化与思维的形式之间存在着某种直接的联系。沃尔夫则进一步发展了这一假设，提出了语言决定论，即一个人的思维完全由母语决定；以及语言相对论，即语言结构有无限的多样性。如英语语言和英语使用场景，英语的语音、词汇和语法知识是发展语言技能的基础，不具备合理数量的语音、词汇和语法，就不可能发展任何的语言技能，也不能实现以英语语言为途径的交流融通。

（二）建立语言和文化的链接

外语教学涉及多种因素与矛盾，如听说与读写能力、汉语与英语以及中西文化等，可谓是一项十分复杂的系统工程。在面对这些矛盾时，我们要用辩证统一的视角来处理它们，切记不要把它们简单地对立起来，以防由一种极端走向另一种极端。我国外语教学的跨文化思维中也或多或少地存在二元论的思维倾向。由于语言学习者重视外语学习，使得母语的语言技能甚至本族文化长期被忽略。启发式的教学思想对于语言知识的教学，尤其是对于英语中的语法教学尤其重要。语法教学是一个敏感的话题。在很长的一段时间内，语言教学中语法知识占据了大量的课时，语言技能尤其是口头交际的技能没有被重视。语法在语言技能的培养中是不可或缺的，问题不在于语法应不应该教，而是教授语法的方式需要从以教师为主体的“填鸭式”转化为以学生为主体的实践型。在处理英语和汉语之间的关系时还要注意不要过分夸大汉语的干扰作用。汉语是中国人的母语，少年儿童在开始学习英语时已经能够比较好地使用汉语进行交际，也就是说，他们已经掌握了大量的汉语词汇和基本语法，具备了使用汉语进行听说和读写的能力，而英语是他们作为一门外语来学习的目标语言。

汉语中的形容词都位于它所修饰的名词前面，而英语也同样如此，当学生学习了 nice 和 girl 两个词之后，就会很自然地说出 a nice girl。在对待汉语和英语之间的关系方面，有两种极端的态度。一种是依靠汉语来教授英语，这显然是不可取的。使用英语进行教学具有以下两个方面的益处：创造英语的氛围；增加英语的输入，减少汉语的负向迁移。对于中国的英语学习者来说，汉语是他们的母语，学生在学习英语时会自觉或不自觉地与汉语进行比较，如果在教学过程中过多地采用汉语，学生就会很难摆脱对汉语的依赖，养成一种以汉语为“中介”的不良习惯，在听说读写等语言活动中会不断地把听到的、读到的，以及需要表达的英语先转换成汉语，这样就很难流利地使用英语，也不可能写出或讲出地道的英语。另外一种是完全摆脱汉语，刻意地回避汉语，这不仅难以做到，而且也是不可取的。在英语课堂上使用汉语要注意汉语作为教学手段，使用方便，易于理解，但是不能过分使用。在解释某些意义抽象的单词或复杂的句子时，如果没有已经学过的英语词汇可以利用，那就可以使用汉语进行解释，也可以对发音要领、语法等难以用英语解释的内容使用汉语进行简要的说明；利用英语和汉语之间的比较，可以提高教学的预见性和针对性。对于英汉两种语言相同的内容，学生学起来比较容易，教师只要稍加提示，学生就很容易掌握。某些内容为英语所特有，学生学起来就比较困难，教师应该有针对性地将其作为教学的重点，适当增加练习量。对于两种语言中相似但是又不相同的内容，学生很容易受到汉语的干扰，教师在教学过程中要多加注意。

语言是文化的载体，也是传播文化的重要手段。对外语学习者而言，交际中流畅依赖第二语言即目标语言，就要学习目标文化，我们单维度地看重外来的文化传统，来自本族的文化却常常被忽略。比如，在我国所出版的相当一部分英语教材中基本上没有与中国文化相关的内容，语言学习过程中过度强调单维度的文化输入不利于中国文化的传播。文化承载词是指在一个文化中被广泛使用的词语或术语，它们不仅是语言的组成部分，还是文化的重要载体和表现形式。这些词语通常蕴含着丰富的文化内涵和历史背景，能够反映出一个民族的思维方式、价值观念、风俗习惯等方面的特点。中文语言中有许多文化承载词，它们体现了中国文化的独特性和多样性。例如，“福”字在中国文化中代表着幸福、吉祥、福气等美好含义，是春节等喜庆场合常用的吉祥语。“春联”则是中国新年期间人们挂在门前、厅堂等处的对联，寄托着对新年的美好祝愿。“道德经”则是中国哲学家老子所著的一部重要哲学著作，代表了中国道家思想的核心观念。还有一些文化承载词，它们反映了特定地区的气候特点、自然地理环境、物质文化以及社会文化等方面的信息。比如，“不到长城非好汉”反映了中国地域文化的特点；“饭碗”则体现了中国物质文化中对职业的重视。

在经济全球化的背景下，文化承载词的翻译和传播对于促进不同文化之间的交流和理解具有重要意义。通过准确翻译和传播这些词语，可以更好地展示中国文化的魅力和独特性，增进国际社会对中国文化的认知和了解。文化承载词是语言中富有文化内涵和历史背景的词语，它们承载着丰富的文化信息，是了解一个民族文化的重要途径。在跨文化交流中，我们应当重视双向文化成长，通过词语的翻译和传播促进不同文化之间的相互理解和交流。外语交际能力指的是个体在运用非母语语言进行社会交往的能力，这包括传递信息、交流思想和表达感情等多个方面。这种能力不仅体现在口头形式上，也体现在书面形式上；既指听、读的理解能力，也指说、写的表达能力。简单来说，外语交际能力就是个体与他人运用外语这个工具进行相互了解、往来和接触的能力。

外语交际能力的重要性体现在多个方面。首先，它能够帮助学习者在国际上迅速适应并获得沟通和交流的能力，尤其是在经济全球化背景下，英语等外语作为重要的交流和商业语言，具有很高的使用频率和普及度。其次，外语交际能力有助于增强与外国人的互动，更好地理解外国文化和生活方式，从而扩大自己的人际关系，为职业和个人发展提供更多的机会和资源。最后，外语交际能力的提高还可以帮助学习者更好地应用外语，更流畅、自然地表达自己的思想和想法，这不仅可以提高完成学业和工作任务的能力，还可以增加自信和自我表达的能力。

要提高外语交际能力，可以采取多种方法。例如，观看带有英文字幕的电影或电视剧，与外国朋友或同事多交流，阅读英文报纸和杂志，聆听国外演讲或观看演讲视频，阅读英语小说和爱情故事等。此外，如果有条件，到国外留学或访问也是一个非常有效地提高外语交际能力的方式。评估外语交际能力时可以采用多种方法，如面对面的交流、小组讨论、角色扮演和口语测试等。这些方法可以全面评估学生的词汇量、语法运用、流利度和发音准确性等语言方面的能力。

影响外语交际能力的因素也有很多，如语用能力和情感因素等。语用能力是指在口头交际活动中，对话双方根据特定情景和上下文，调动文化背景知识和个人经验，恰当、得体地使用语言的能力。而情感因素如焦虑，可能影响口头表达，特别是怕说错会使学生焦虑水平过高。因此，在教学中教师需要鼓励学生大胆朗读，多奖励、少惩罚，并且创设情景，使学生乐于表达。外语交际能力是个体在国际交流和互动中的重要能力，它可以通过多种方法进行提高，并受到多种因素的影响。通过不断练习和实践，结合有效的教学方法，个体可以逐渐提高自己的外语交际能力，为国际交流和文化理解打下坚实的基础。

注重听说的训练，同时加强阅读和写作方面的训练。在英语教学中，听说能力的训练一直是教学中比较薄弱的环节。有的学生学习英语许多年，但其口语交际能力却很差，这就导致“哑巴英语”现象的出现。听和说都是人类传递信息的基本方式，缺一不可。我们也应该意识到，口语交际环节中听说能力的培养与读写一样重要。听说能力在很大程度上取决于读写水平。心理语言学的研究成果表明，在语言学习过程中，需要大量的信息输入，并通过内部语言系统进行处理，转化为一定程度的外部语言，阅读是信息输入的关键。提高口语能力离不开充足的阅读量。在教学实践中，教师应当有意识地把听说训练和读写结合起来。而且，对于一个受过高质量教育的人来说，读写能力是其基本技能。

第二节　跨文化交际能力培养的内容

在构建新文科视域下的跨文化交际培养策略时，我们可以从以下两个方面进行考虑：一方面，需要深入了解并尊重不同文化背景。跨文化交际的首要任务是了解和尊重不同文化背景下的价值观、习俗和信仰。这可以通过阅读、观看电影、旅行等多种方式实现，以便在多样性和差异性中获得新的认知，更好地理解和接纳其他文化。另一方面，培养开放和包容的心态是关键。开放和包容的心态有助于我们更好地理解和接纳不同文化的差异，促进跨文化交流和沟通。我们应该摆脱偏见，保持对其他文化的兴趣和好奇心，以开放、理解和尊重的态度去接纳不同的文化元素。

利用多元化的教学方式来培养学生的跨文化交际意识。例如，可以设计交换生计划、继续教育课程和语言交流项目等，让学生有机会与外国人进行直接接触和交流，了解他们的文化、价值观和生活方式。此外，网络交流也是一个有效的途径，学生可以通过社交媒体、在线论坛等平台与海外学生实时交流，了解外国文化和社会动态。在课堂教学中，也可以采取一系列措施来提高学生的跨文化交际能力。例如，可以引入案例分析、角色扮演等教学活动，让学生在模拟的跨文化交际场景中学习和实践。同时，教师还可以鼓励学生进行小组讨论，分享他们在跨文化交际中的经验和见解，从而加深对跨文化交际的理解。

我们还可以从文化体验的角度入手。学生可以通过参与当地的文化活动、加入俱乐部或团体、拜访博物馆和历史遗址等方式，多角度地了解、接触和沉浸到不同的文化之中。这样的文化体验可以让学生更直观地感受不同文化的魅力，加深对跨文化交际的理解和认识。构建新文科视域下的跨文化交际培养策略需要我们从多个方面入手，包括深入了解不同文化、培养开放包容的心态、利用多元化的教学方式、注重课堂教学以及加强文化体验等。这些策略的实施将有助于提高学生的跨文化交际能力，为他们在未来的国际交流中打下坚实的基础。

（一）跨文化能力培养的模式

“模式”一词是英文 model 的汉译名词。model 还可以译为“范式”“典型”“原型”等，一般指被研究对象在理论上的逻辑框架，是经验与理论之间的一种可操作性的知识系统，是再现现实的一种理论性的简化结构。1972 年，美国教育家布鲁斯 · 乔伊斯（Bruce Joyce）和玛莎 · 韦尔（Marsha Weil）在其著作《教学模式》一书中，最先将“模式”一词引入教学领域，并加以系统研究。他们认为教学模式是构成课程、选择教材、指导在教室和其他环境中进行教学活动的一种计划。将“模式”一词引入教学理论中，目的是想说明在教学过程中可以在一定的教学思想或教学理论指导下，建立起来各种类型的教学活动的基本结构或框架，从而形成指导整个教学过程的一系列程序和一整套策略体系，使教学活动科学有序地进行。1990 年，美国学者施瓦布（Schwab）在其著作《教学：一种模式观》中提出，教学模式就是导向特定学习结果的程序。他认为教学就是构造学习环境，对能力、兴趣需要各不相同的学生的学习进行有效组织和引导的过程。20 世纪 80 年代以来，我国教育界对教学模式的研究日趋重视，并取得了不少有益的研究成果。目前国内对教学模式的定义有很多种，不同的定义之间有区别也有联系，主要分为以下两种：

1. 内容型教学

内容型教学是一种强调通过教授特定主题内容来提高学习者语言能力的教学方法。这种方法注重学生在语言使用过程中的实际需求，以实现有效交流为目标，让学生接触到相关的实际情境和实际主题，从而提高他们的语言运用能力。内容型教学的特点主要体现在以下几个方面：

①它以知识点为核心，注重纵向拓展和横向联系，确保学生获得深入且全面的知识。

②它倡导理论与实践相结合，培养学生的应用能力，使学生能够将所学知识应用于实际情境中。

③内容型教学还强调个性化学习，注重学生的主动参与，鼓励学生根据自己的兴趣和能力进行探索和学习。

④它致力于促进学生的批判性思维和问题解决能力的培养，使学生具备独立思考和解决问题的能力。

内容型教学的设计原则包括明确教学内容和目标，设定知识掌握、能力提升和思维发展等学习目标。在实际教学过程中，教师会根据学生的兴趣、需求和水平选择恰当的内容，并设计相应的教学活动和任务。这些活动旨在激发学生的兴趣和思考，帮助他们建立对所学内容的背景知识，并提升他们的语言能力。内容型教学的优势在于它不仅能提高学生的语言能力，还能提升他们的学科能力和综合素质。通过实际的主题内容教学，学生能够更好地理解和运用语言，同时也能深化对学科知识的理解和掌握。

内容型教学是一种注重实际情境和主题内容的教学方法，它旨在提高学生的语言运用能力、学科能力和综合素质。在实际应用中，教师需要结合学生的实际情况和需求，灵活运用这种方法，以达到最佳的教学效果。内容型语言课程的设计还是教材的编写都要考虑内容的筛选以及内容的排列问题。像语法翻译法、听说法这些传统的教学方法基本都是根据语法的难度来设计的。例如，一般现在时要比其他的时态更简单一些。因此，在教科书的编制与教学中，它们自然而然地被置于了优先学习的位置，总的来说，在初学阶段要先学比较简单易懂的内容。但是，内容型教学法却推翻了传统教学方式中对内容的取舍与排列的规则，不再以语言标准为教学起点，而是将内容作为统率语言筛选和排列的根基。

过去的听说课、语法课以及写作课都是把具体的技能分开进行教学。而内容型教学方法除了将听说读写这四种基本技能进行整合外，还试图将语法和词汇教学归于统一的教学过程中。这项教学原则是在顺应目前语言交互活动需多种技能协同作用的背景下衍生出来的。与此同时，内容型语言教学也不赞成“先听后写”的教学模式。它没有固定的教学顺序，而是可以从任意一种技能入手。由此我们可以看到，该教学原则是从前一个原则中延伸出来的，它是确定教学内容、影响教学项目顺序的具体体现。

随着交际法的出现，外语教学的重心也逐渐由教师转向学生。任务型教学作为交际法的一个子领域，要求学生在完成特定任务时应该进行富有探索性和发现性的学习活动。主张采用内容型教学方法的学者们认为语言学习应该让学生到教师的语言输入环境中，学习者在互动交流中学习语言知识。在课堂的信息收集、交互学习、意义协商与构建的过程中，学生扮演着接受者、倾听者、协调者等多重角色，教师也与学生一样承担着多重角色，如教师是人物的组织者，学习活动的引导者、促进者以及学习结果的评估者等。

内容型教学法的内容筛选是根据学生以及教学目的所决定的，例如，外语教学的内容可以源于文学、社会科学以及历史等相关科目。学生可以通过融合相关科目内容的一门语言课程从不同角度学习同一内容，达到不同的教学目标，教学目标应在技术赋能的背景下实践化、职业化和个性化，当然这对教材编写人员是一项挑战。内容型培养模式赋予师生充分空间，使教学内容与学生需求有效结合。学生对所选择的课程内容产生浓厚的兴趣，这是实施内容型教学理念的一个重要基础。

真实性是内容型教学的核心要点，在教学过程中要时刻保持课本内容与任务内容的真实性。其中，课本内容的真实是指一段卡通视频、一首歌谣都能够成为教学内容的一部分，在外语教学中引入这些真实的内容，使这些内容原本的目的发生改变，以更好地为语言学习服务。而任务内容的真实是指任务需要和特定文本情景结合，以便能够展现真实世界的情况。

内容型教学的目的在于让学生在特定的情景中真正运用语言，从而培养他们的交际能力。其中，内容型教学的信息源包括教师的课堂语言输入、文本形式以及学生的结对或组小组的互动活动。但内容型教学仅靠学生获得可理解性语言输入是不够的，关键还是要学习研究真实文本中的语言结构。

2. 任务型教学

任务型教学法是指“将任务置于教学法焦点的中心，它视学习过程为一系列直接与课程目标联系并为课程目标服务的任务，其目的超越了为语言而练习语言”，即一种将任务作为核心单位来计划、组织语言教学的途径。纽南（Nunan）

提出了任务型教学法的五条原则，主要包括：

①言语、情境真实性原则：任务型教学模拟人们在生活中使用语言的情境，使学生能在真实或模拟真实的语境中有意识地参与语言的交流，从而掌握语言。这一原则强调学习者应尽可能接触各种真实的语言材料和真实的语境，以便在自然的环境中体会语言、掌握语言的应用。

②形式－功能性原则：在设计任务时，应注重语言形式和语言功能的结合。这意味着任务不仅要关注语言的形式，还要明确语言在交际中的功能，使学习者在掌握语言形式的同时，能够理解并应用语言的功能。

③任务相依性原则：在设计任务时，应遵循由简到繁、由易到难、层层深入的原则。每一个任务的设计都依赖于之前的任务，这样同一课或同一单元中的不同任务构成一个教学阶梯，有助于学生逐步深入学习和掌握语言知识。

④在做中学原则：这一原则强调通过完成任务来学习和掌握语言。学生在完成任务的过程中，会积极运用所学的语言知识，从而加深对语言的理解和掌握。

⑤脚手架原则：这一原则指教师在任务型教学中应提供必要的支持和引导，帮助学生逐步构建自己的语言知识和能力。教师需要认真梳理、分析学生的问题，找准问题产生的根本原因，为学生提供必要的语言材料和辅助支持，以帮助他们更好地完成任务和提高语言水平。

这五项原则共同构成了 Nunan 任务型教学法的核心，旨在通过真实、有意义的任务来促进学生的语言学习和应用能力的提升。任务型教学过程可分为三个阶段，即任务前阶段、任务环阶段和语言焦点阶段，接下来就这三个阶段进行介绍：

任务前阶段主要是介绍话题和任务。在此阶段教师可与学生共同探讨话题，对一些常见的词或短语进行详细讲解，其目的是让学生更好地理解布置的任务说明，并开始准备任务。这一阶段的任务是向学生提供有意义的输入，帮助他们认识理解新的词汇和词组，以便能够熟悉话题。简单来说是为了突出任务主题、激活相关背景知识，减轻认知负担。

任务环阶段由任务、计划、汇报三个部分组成。学生可以组成两人或多人小组，在无教师指导的情况下自觉完成任务，并通过口述或书面形式向同学进行汇报，汇报内容主要包括任务完成的过程以及在过程中的新发现与新收获等，各小组也可将书面汇报结果进行交换分享。在这一阶段，学生有充足表现自己的机会，同时也强调了语言的流畅度。

语言焦点阶段主要是分析和操练。教师重点对文章中所呈现的语言特征及难点进行了细致化分析，并在分析的过程中指导学生进行新词汇、语法的训练，指出语法系统的重要性。本阶段旨在引导学生学习语言系统知识，探讨语言特征，并将其进行系统整合，以便更加清晰明了地把握语言规律。

在每个阶段中，教师都需要精心设计任务，确保任务的真实性、趣味性和可操作性，同时还需要引导学生积极参与，发挥他们的主动性和创造性。任务型教学认为最好的方法就是让学生去做事情，也就是去做各种各样的任务。这样学生在学习目的语的过程中不知不觉便掌握了一门语言。此外，学生要注重语言的表达含义，并运用已有的语言结构及词汇进行交际。任务型教学就是要为学生提供尽可能多的知识，帮助他们清楚地知道自己的学习目的，让他们在交际过程中学会对注意力进行合理的配置，这样语言才能持续、均衡地发展。

任务型教学是一种以任务为中心的教学方法，旨在通过布置学生完成一系列任务，促进他们的学习和发展。其核心思想是培养学生的自主性和主动性，让他们在学习中发挥主体作用。在这种教学模式中，学生被视为学习的主体，需要主动参与并完成任务。任务型教学有五个特点：

①任务是学习者为了做成某个事情有目的的活动，这个目的就是有目的地搜集整理信息、分析解决问题，而不仅仅是为了操练某些词语和语法项目。

②任务与人的日常生活中的某些交际过程相似，活动设计必须具有真实性。

③任务性活动主要关注的是语言的意义而不仅仅是语言形式的正确性。

④任务可能涉及听、说、读、写等多项技能，并侧重各种技能的综合运用。

⑤任务是一个完整的交际过程，往往有一个交际的接口，这个接口往往是非语言性的。

总的来说，任务型教学强调学生在完成任务的过程中学习和运用语言，培养学生的实际交际能力和解决问题的能力。这种教学方法不仅有助于提高学生的语言水平，还能增强他们的团队合作意识和创新精神。

（二）跨文化交际能力培养的资源建设与师资要求

新文科背景下跨文化交际能力培养的内容应体现学科的综合性、跨学科性及研究方法的创新性；教学资源应强调实践性，辅助学生在实际环境中锻炼跨文化交际能力；注重建设开放、共享的技术化、国际化资源平台，通过多模式协作途径帮助学生更好地理解和应对不同文化间的差异。新文科背景下的跨文化交际能力培养中的学习资源还应融入最新的研究成果和理论，结合高校思想政治教育“三进”工作的具体要求，体现学科的前沿性和创新性，通过创新型的平台实现实践型、信息化、职业化、个性化的跨文化交际能力培养。

1. 课程资源建设的原则

新文科背景下的跨文化交际教材选择和使用教材时应根据学生的需求和背景选择合适的教材，并结合实际教学情况进行调整和优化，在建设过程中应坚持以下原则：

①平等双向原则：强调在跨文化交际中，不同文化之间应平等交流，避免文化偏见和刻板印象。

②趣味性原则：教材内容应生动有趣，吸引学生的兴趣，提高学习效果。

③交际性原则：注重培养学生的交际能力和沟通技巧，使他们在跨文化交际中能够自信、流畅地表达。

④启发性原则：引导学生主动思考、探索跨文化交际的深层次问题，培养他们的批判性思维和创新能力。

平等双向原则体现了新文科背景下对人文关怀的重视。以英语为例，高校英语课程资源的建设都是围绕学生的英语学习动机和兴趣而开展的，以便能够为学生创造良好的学习氛围，为学生努力学好英语铺路搭桥。因此，不管是资源建设的决策和规划阶段，还是实施、检查和改进阶段，都要以学生的实际需求为出发点，不但要关注知识，还要关注情绪、问题、错误、差异和兴趣，尽可能让学生成为学习的中心，成为知识意义的主动建构者。平等双向原则在跨文化交际中占据着核心地位，强调在跨文化交流过程中，相互尊重、平等对待，避免文化偏见和刻板印象的产生。这一原则在新文科背景下的跨文化交际教材中具有至关重要的意义。新文科背景下的跨文化交际教材可以引导学生摒弃偏见，以开放、包容的心态去理解和接纳不同文化，在交流过程中相互学习、相互借鉴，从而推动文化的融合与发展。新文科背景下的跨文化交际教材通过强调这一原则，可以帮助学生培养跨文化交流能力，使他们能够更好地适应多元文化环境，成为具有国际视野的复合型人才。

高校英语课程资源建设是一项长期的、系统的工作。随着教学改革的不断深入、社会的不断进步和教师专业化发展，已有的课程资源得到更新，新的课程资源得到添加，确保了课程的正常运转。在资源建设过程中，建设者要以开放的心态对待人类创造的所有文明成果，例如，英语课程资源的开发与利用是与学生需求紧密相连的，受现有的课程和现实社会的实际需求推动。但从发展的角度来看，课程资源建设还要与未来社会的发展联系起来。只有这样，才能够帮助学生更好地把握未来社会的一些发展趋势。因此，建设者要具有前瞻性思维，密切关注社会的发展动态，注意吸收当前重要的、有影响力的、处于科技前沿的素材，在此基础上开发出对学生来说真正有用的课程资源，并对学生加以引导，让他们逐步接受这些新东西，为学生以后的终身学习与可持续发展打下坚实的基础。

交际性原则在跨文化交际教育中具有至关重要的地位，它注重培养学生的交际能力和沟通技巧，确保他们在不同文化背景下能够自信、流畅地表达自我，有效进行沟通交流。这一原则在新文科背景下的跨文化交际教材中得到了充分体现。新文科背景下的跨文化交际教材通过设计丰富的交际活动和实践任务，让学生在模拟的跨文化交际场景中锻炼交际能力和沟通技巧。这些活动可能包括角色扮演、小组讨论、案例分析等，旨在让学生在实践中学习如何与不同文化背景的人进行有效沟通。教材还注重培养学生的语言运用能力。除了基本的语言知识和技能外，教材还强调语言的实际运用和交际功能。通过提供真实的跨文化交际场景和案例，教材帮助学生理解不同文化背景下的语言习惯和表达方式，并教会他们如何根据不同的交际对象和场合选择合适的语言和表达方式。教材注重培养学生的跨文化意识和敏感性。通过介绍不同文化的价值观、习俗和信仰，教材帮助学生拓宽视野，增强对多元文化的理解和尊重。同时，教材还教授学生如何识别和应对跨文化交际中可能出现的误解和冲突，提高他们的跨文化交际能力。在培养学生的交际能力和沟通技巧的过程中，教材还强调学生的自信心和表达能力。通过正面的激励和反馈，教材帮助学生建立自信，鼓励他们勇敢地表达自己的观点和想法。同时，教材还教授学生如何运用非语言交际手段如肢体语言、面部表情等来增强表达效果。交际性原则在新文科背景下的跨文化交际教材中得到了充分体现。通过培养学生的交际能力和沟通技巧，教材帮助他们建立自信、提升表达能力，为他们在未来的跨文化交际中取得成功奠定坚实基础。

趣味性原则在跨文化交际教育中占据着重要的地位，特别是在新文科背景下，这一原则更是不可或缺。教材内容生动有趣，能够吸引学生的注意力，激发他们的学习兴趣，从而显著提高学习效果。

在新文科背景下，跨文化交际教材应当更加注重趣味性原则的贯彻。教材编写者可以通过引入生动有趣的案例、设计富有创意的实践活动、采用多样化的教学方法等方式，使教材内容更加生动有趣。同时，教材还应当关注学生的兴趣点和需求，结合时代背景和社会热点，不断更新和优化教材内容，以保持其吸引力和时效性。趣味性原则在跨文化交际教育中具有重要的作用。通过生动有趣的内容设计，可以激发学生的学习兴趣，提高他们的学习效果，为培养具备跨文化交际能力的人才奠定坚实的基础。

在高校英语课程资源开发中，要力求用尽量少的投入开发最大量的课程资源，即实现低投入、高产出。经济性原则涉及经费、时间、空间和学习四个方面。经费的经济性原则指花较少的钱，甚至不花钱，开发出可以服务于学生的高校英语课程资源，如从互联网上提取本校可以使用的英语资源；时间的经济性原则指立足于现实，开发那些适于当前高校英语教学的课程资源，不要等待更好的时机，否则就错过了最佳学习期；空间的经济性原则是指能就地开发的，就不要舍近求远，同时也指课程网站的容量；学习的经济性原则主要指以兴趣为导向，开发那些能激发学生学习积极性的课程资源。

1．师资培训与提升途径

新文科背景下的跨文化师资指的是具备跨文化教育能力和专业素养的教师队伍，他们能够适应全球化时代的需求，为学生提供高质量的跨文化教育。跨文化师资需要具备多元文化背景知识和跨文化交流能力。他们应该熟悉不同文化之间的差异，理解不同文化背景下的价值观、信仰、习俗等，并能够用目标语言进行流利的交流。这样，他们才能更好地引导学生了解不同文化，培养他们的跨文化意识和交际能力。跨文化师资需要掌握先进的教育理念和教学方法。在新文科背景下，教育更加注重学生的主体性和创新性，跨文化师资应该能够运用现代教育技术，设计富有创意的跨文化教学活动，激发学生的学习兴趣和积极性。同时，他们还应该注重培养学生的批判性思维和创新能力，帮助他们在跨文化交流中形成独立的思考和判断能力。

跨文化师资需要具备高度的专业素养和敬业精神。他们应该不断学习和更新自己的知识，关注最新的跨文化教育理论和实践成果，并将其应用到实际教学中。同时，他们还应该具备良好的职业道德和教育情怀，致力于为学生提供最优质的跨文化教育服务。高校可以通过多种途径来加强跨文化师资建设。例如，可以引进具有多元文化背景和海外教育经历的优秀人才；加强对现有教师的培训和交流，提高他们的跨文化教育能力和专业素养；建立激励机制，鼓励教师积极参与跨文化教育研究和实践等。

新文科背景下的跨文化师资建设是一项重要而紧迫的任务。只有建立一支高素质、专业化的跨文化师资队伍，才能为学生提供更加优质、全面的跨文化教育服务，从而培养出更多具有国际视野和跨文化交际能力的人才。下面以高校英语教师为例探讨英语课堂中的教师角色分配。教师是教学的重要因素，在英语教学中起着主导作用。在英语课堂上，教师主要充当两种角色，即掌控者和引导者。作为一名合格的英语教师首先应该具有纯正的发音。然而并非所有的英语教师都具有纯正的发音，所以教师可借助数字化、信息化的多媒体平台确保学生在课堂上所听的内容都是纯正的。其次教师在讲解单词、句子、课文时，应该穿插一些解释，对难懂的词语要不断重复。在多数英语课堂上，教师的讲话占据课堂时间的大部分，不可否认，教师的讲话有利于学生的语言习得，但也不能因此牺牲学生的练习时间。最后教师还要注意不断变化教学的形式，以增强课堂的趣味性。一个合格的英语教师还应具有一定的应变能力，能预测课堂活动中出现的状况，能很好地处理课堂上的突发事件，确保课堂活动的有序开展。教师应该随时调整自己的提问方式、语言运用、提供反馈的方式。在英语课堂中，提问是教师常用的一种教学手段。通过提问，可以有效激发学生的学习兴趣，促使学生积极思考，帮助教师诱导某些知识结构。另外，语言运用的方式也很重要，为了让学生对所讲述知识有一个充分的了解，教师在教学中可以采用重复话语、降低语速、增加停顿、改变发音和措辞、简化语法规则、调整语篇等措施。

学生是英语教学的重要反馈者，同样教师的反馈也是十分重要的。所谓提供反馈就是指教师为学生的学习情况提供反馈。教师的反馈可以是对学生话语的回答，如表示学生问答正确或错误、扩展学生的答案、重复学生所答、总结学生回答、鼓励或批评等。总之，教师的目的就是采用不同形式的教学方法，调动学生的积极性，扩展学生的知识面，培养学生的学习能力，提高整体的教学效果。在跨文化交际视域下，教师需要具备对多元文化进行正确解读的能力，具体而言表现为以下三点：

（1）多元文化是一种历史事实

不同的文化具有差异性与多样性，这是人类文化从诞生开始就体现出来的一种客观存在。就历史角度而言，多元文化的差异性与多样性是一个不争的事实。就宏观的世界历史而言，早期有古希腊文化，中国有春秋战国文化、隋唐文化、明清文化等，这些都可以说明在不同的时代有不同的文化内涵。所以，所谓的多元文化就是指存在于一定的地区、社会等特定存在的、相互联系的但又有各自的文化特性的多种文化。

（2）多元文化是一种政治诉求

它是以事实与价值相结合的形式存在，也是人们所持有的文化理念的展示。

由于不同族群不断为平等的经济以及文化权益做斗争，从而派生出多元文化。多元文化并不只是局限于文化的层面，它还包括不同国家和民族的经济和社会观念。

（3）多元文化也是一种思维方式

从哲学意义上来说，对多元文化的认识与理解就是承认多元文化的差异性与多样性，同时也意识到社会上所有的文化都是平等的，而且各个文化之间会产生直接或间接性的影响。而与上述相对的认识是对客观世界的认识，我们应该从多个角度去认识理解，不应局限于单一的角度。因此，多元文化是对传统一元思维模式的突破。教师要正确地诠释多元文化，从多种角度去尊重、了解各种文化，不能对社会上的主流文化一概接纳，而对其它的文化则一概否定，对于不同文化要用批判性的态度去对待。同时，教师要用平等公正的观念向学生解读多元文化。

师德是英语教师必备的素养，也是英语教师从事教育活动的动力源泉。教师的师德具体体现在对学生的热爱、对事业的忠诚，对教学执着的追求和人格的高尚。与此同时，教师的师德直接影响着学生的成长。因此，英语教师在日常的工作中要有理想的信念，科学的世界观、人生观、价值观，忠于人民的教育事业，具有爱岗敬业的奉献精神，热爱学生。可以说，英语教师只有先懂得奉献，体现公正，具有责任感，才可能实现言传身教。教师职业道德品质的形成有其内在的规律性。从品德心理学的角度看，教师职业道德的形成也是一个知、情、意、行的培养过程。为此，教师职业道德品质的培养也需要从道德观念、道德情感、道德意志、道德信念、道德行为和道德习惯几个方面入手，进行全面的培养和提升。从教师的专业成长历程来看，教师职业道德的发展阶段可以分为职前教育阶段，职业实践阶段和终身追求阶段。

（1）职前教育与职业实践

教师职业道德是社会道德的重要组成部分，是道德在教师职业领域中的特殊表现。职前教育的目标主要在于使教师成为一个具有良好道德修养的人，即先为人，后为师。职业实践是教师职业道德养成的根本保证，在教育教学过程中，教师会遇到各种各样的问题，在解决这些问题时，教师总是被要求要具有独特的方式，即要有所创新。因此，教师需要不断提升自己的专业素养，在实践中不断践行职业道德规范，提升职业道德水准。社会在发展，知识在更新，教师要想跟上时代发展的脚步，必须要不断学习，终身学习。当然，教师所追求的职业理想也是没有止境的，教师必须不断学习，从各方面抓住一切机会来提高自己。教师需要在面对学生和教学工作时产生一定的成就感，这样才会拥有不断学习的动力，否则，教师容易出现心理倦怠,从而缺乏追求理想的动力。

（2）人格品质与职业素质

爱国守法包含两个方面的含义，即爱国和守法。爱国是一种高尚的道德心理体验，可表现为对祖国深切依恋的归属感；对祖国地理、历史、发展现状和国际地位的自豪感；对国家利益的责任感和使命感。对教师这一特殊职业而言，最好的爱国方式是把对祖国的热爱、对学生的关爱，对教育事业的责任感结合起来，在强化自身的爱国情怀的同时，也要对学生进行爱国主义教育。爱岗敬业是爱岗与敬业的总称。爱岗是教师对自己工作岗位的热爱，安心从事本职工作，有强烈的使命感和责任感，并能稳定、持久，恪尽职守地做好教育教学工作。敬业是指教师认识到了自己本职工作的道德价值和社会意义，具有从事本职工作的荣誉感和自豪感，从而专心致志，兢兢业业地从事教育教学工作。爱岗与敬业之间有着密切的关系。爱岗是敬业的基础，敬业是爱岗的升华。爱岗与敬业互为前提、相辅相成。爱岗敬业是教师职业道德规范的重要内容之一，是处理教师个体与教育职业之间关系的准则。爱岗敬业具有如下要求。教书育人是指在教育教学过程中教师根据社会发展需要和学生身心发展规律，既传授科学文化知识，又进行思想品德教育，把学生培养成为德、智、体，美等全面发展的社会主义现代化建设需要的接班人。为人师表要求教师自觉地以自身纯正品德为学生做示范和榜样，即言传身教、以身立教。

（3）教学理念与模式更新

在现在的英语教学模式中，学生处于多元文化的语境之中，由于他们的生活地区以及成长背景不同，他们的接受能力以及思维方式也会有所差异。如果教师对每一位学生都采用同一种教学方式，这势必会降低学生学习英语的热情与兴趣，不利于教学的进展。因此，教师应该摆脱以自己为中心的思想观念，而应该以学生为中心，将课堂的主导权转交给学生，教师自己可以在学生学习英语时起到一个辅助的作用，并以公平公正的姿态教导每一位学生。教师要认识到不同学生的文化差异与多样性，对不同的学生采用不同的方法，使学生成为教学的主体，展示自身的个性，从而更好地在多元的环境中习得英语这门语言。具备相应的信息处理能力，以技术赋能教学。当前，信息与智能革命正席卷全球，在这种经济背景下，产品的智能成分大大增加，劳动者智能劳动成分也大大增加，信息技术的发展将成为新技术的核心。英语教师作为智能劳动的主力军，无疑在整个社会变化过程中起到了重要的作用。作为 21 世纪的英语教师，便捷、高效地获取信息是从事教学，科研与社会服务活动的基础，有效地搜索、分析，利用信息既是自身发展的需要，也是培养英语教师所必须掌握的技术和必备的能力。

很多高校英语教师没有认清当今社会对人才的要求是什么，其教学只是在为最后的考试而展开，并为了“高过级率”费尽心思，所以“填鸭式”教学成了大部分英语教师选择的教学模式，在课堂上向学生讲解词语，分析句法，逐句翻译课文，实施题海战术巩固学生的记忆。这种只重视知识传授，忽视能力培养以及学生在课堂上的主观能动性的教学方式，使学生一直处于被动学习的状态，无法将学习到的知识应用于实践之中，其语言应用能力自然不会得到提升，更不要说培养学生自主学习的能力和创造性的思考能力。这种观念背离了“把语言看作是交际的工具”的核心理念，由此培养出的学生完全无法满足社会需求。教师在课堂上应该扮演好组织者和参与者的多重身份，充分发挥其引导作用，使学生成为课堂教学活动中的真正主体。

（4）高水准的专业素养和教学手段

作为一门严谨的科学，语言教学有着自己的一套理论基础与发展方式。它包括语音教学、词汇教学、语法教学、修辞教学等内容。此外，它涉及的教育学、心理学以及应用语言学知识是从事外语教学的从业人员所必须掌握的知识。目前，只有师范类院校或综合院校的师范专业才把教育学、心理学列为必修课，而那些非师范类院校或非师范专业的学生只会在即将毕业时期的岗前培训中学习一点基础的教育学知识，这种以学科知识取代专业能力的做法已成为制约我国教师专业发展的瓶颈。

多年来我国高校教师队伍的构建更多关注的是教师他们的专业学术能力和学历背景，一味追求高学历、高水平，以希望提升学校的知名度。很多教师倾向于写论文、做课题，却在不同程度上忽略了教学的重要性，对于教学规律的深入研究更是鲜有涉及。随着高校改革力度的加大和高等教育大众化进程的推进，社会上要求提高教学质量的呼声越来越高。但是，对于高校的教师来说，没有对教育理论体系进行整体的把握，没有先进的教育理念，没有对教学方法和规律进行深入细致的研究，就很难高质量地完成人才培养的任务。

《大学英语课程教学要求》就课程设置做了明确的要求，指出各高等学校要根据实际情况，设计各自的高校英语课程体系，将综合英语类、语言技能类、语言应用类、语言文化类和专业英语类等必修课程和选修课程有机结合起来。但是，高校英语教师在学习期间，修读的课程主要围绕语言和文学，近二十年的高校英语教学中，大多数学校只开设了“高校英语”一门课程，涵盖听、说、读、写等教学内容，造成若干高校英语教师上同一门课程的局面，使得高校英语教师的知识结构显得单一、片面。要适应教学需要，教师必须坚持自我发展，完善知识结构，为开设选修课和充实必修课做好准备。

（5）科研意识与创新

高校英语教师长期担负着繁重的教学任务，加上不少院校一直把高校英语四、六级过关率作为评价高校英语教师的主要指标，淡化了教师的科研能力，教师就只好凭经验和直觉进行教学，很少进行理论上的反思。

跨文化交际的科研能力涉及多个方面，它不仅仅是对理论知识的掌握，还包括实践应用、创新思维以及方法论的熟练运用等。以下是关于跨文化交际科研能力的一些核心要素：

深厚的理论基础。掌握跨文化交际学的核心概念、理论和模型，能够理解和解释不同文化背景下的交际现象。对语言学、社会学、心理学、人类学等相关学科的理论有所了解，并能将其应用于跨文化研究。

研究设计与方法。能够独立设计跨文化研究项目，包括确定研究问题、制定研究假设、选择适当的研究方法（如问卷调查、访谈、实验等）。熟练运用定性和定量研究方法，能够收集、整理和分析数据，并得出科学结论。

文献综述与批判性思维。能够系统地查阅和整理相关文献，了解跨文化交际领域的最新研究成果和趋势。具备批判性思维，能够对已有研究进行评价和反思，提出新的研究视角和问题。

跨文化实践经验。有机会参与跨文化交流项目或活动，积累实践经验，了解不同文化背景下的交际挑战和策略。能够将实践经验与理论相结合，为研究工作提供实证支持。

学术写作能力。能够清晰地表达研究问题和假设，撰写研究报告或学术论文。熟悉学术规范和引用格式，确保研究工作的严谨性和规范性。

国际视野与跨文化沟通能力。具备开阔的国际视野，关注全球范围内的跨文化交际现象和问题。能够与不同文化背景的研究者进行有效沟通，合作开展研究工作。

持续学习与创新能力。关注跨文化交际领域的最新动态和前沿研究，不断更新知识体系。具备创新能力，能够提出新的研究思路和方法，推动学科的发展。通过不断积累知识和实践经验，培养上述科研能力，研究人员可以在跨文化交际领域取得丰硕的成果，为推动文化交流和经济全球化进程做出贡献。

开放式的高校英语师资队伍建设理念表明，师资建设的形式已不是传统意义上那种为了提高学历和职称开展的脱产、半脱产或在职学习，而是呈现出多样化特征。强化教学能力、提高科研能力和提升学历是提高教师综合水准的有效途径。围绕如何强化高校英语教师的教学能力，提高高校英语教学水平和师资队伍的建设措施如下。实施校院两级教学督导制，每学期均有听课重点，如新引进的教师、在学评教中得分较低的教师、拟晋升高一级职称的教师、拟参加课堂教学比赛的教师，督导委员听课后，不但要将涉及教学内容、教学方法、教学效果、师生互动情况等方面的意见反馈给授课教师，同时也要反馈给主管教学的副院长，帮助学校建立教师授课档案。

刚参加工作的青年教师或刚毕业的硕士研究生，尽管他们具有一定的语言基本功，有较高的教学热情，但他们缺乏教学经验。可以安排教学经验丰富、教学功底扎实、乐于带年轻人的老教师与青年教师结对，帮助青年教师尽快熟悉主讲课程的课程大纲、制订本门课程的教学计划等，以确保他们在最短的时间内进入角色，掌握一门课程的教学流程，然后独当一面，成为一名合格的高校英语教师。高校英语教师组成的教学团队中，老、中、青教师协调发展，共同进步。在一些新开课程中，可以尝试课程教学团队制，即同一门课程由两个或两个以上的教师担任教学，其中一个教师为主讲教师。这就是教师队伍建设中传、帮、带的具体体现，刚接受这门课程的新教师或年轻教师第一轮讲授少量内容，第二轮、第三轮逐步增加教学任务，直至独立承担这门课程。

信息技术系列培训讲座高校英语的所有课程都在多媒体教室授课，同时支持教师逐步开设网络课程，所以高校英语教师要把不断提高信息素养作为自己的一项重要工作。为了配合教师的教学，可以引进教育技术专业毕业生，除了维护电教设备的正常运转外，还要定期培训教师，让教师熟悉幻灯片的制作、电子表格的使用和制作、统计软件的使用、教学用语料库的建立等。高校英语教师都是由传统的英语语言文学专业培养出来的，在学科和跨学科知识结构方面难免存在不足。外语专业的学生在读书期间未受到必要的科研方法和技能的训练，加上缺乏科研条件和氛围，许多高校英语教师也就缺乏科研意识。因此，营造研究氛围，提高高校英语教师的科研能力，创造研究条件，解决研究成果的固化问题就成了高校英语师资队伍建设的重要任务之一。为了鼓励教师去国外攻读硕士、博士学位，提高教师学历的国际化程度，可以设立青年教师国外攻读硕士学位基金，资助教师赴海外攻读学位。

（三）开拓创新型的跨文化能力

从前面对教学模式的探讨，我们理解培养模式是指在一定的思想理论主导下，在特定环境中开展的教学进程的形式，是教学系统中诸多组成要素如教师、学生、教材和教学媒体等因素的具体形式。在宏观结构框架下，教学模式要从大局把握教学活动整体及各要素之间内部的关系和功能；作为驱动，教学模式强调有序性和可操作性。教学模式的改变将引起教学过程的根本改变，也必将导致教育思想、教学观念、教学理论的深刻变革。所以，教学模式的改革比教学手段、教学方法的改革意义更为重大，当然也更为困难。

1. 能力培养理念

从我国的现实情况看，20 世纪 90 年代以前的教学模式基本上都是以教师为中心的。这种教学模式的优点有利于教师主导作用的发挥，有利于课堂教学的组织、管理和监控。但它忽视了学生积极性和主动性的发挥，不能体现学生在学习过程中的主体地位，因而难以培养出富有创造性的创新型人才。应该改革现有的以教师为中心的教学模式，创建既能发挥教师主导作用，又能体现学生主体作用的“主导—主体相结合”的新型教学模式，以便激发学生的主动性、积极性和创造性，从而实现培养创新型人才的教育目标。

人本主义教学理念对学习本质的揭示是从人的自我实现和个人意义的角度加以描述的，认为学习是个人自主发起的，使个人整体投入其中并产生全面变化的活动，是个人的充分发展，是人格的发展、自我的发展。人本主义教学理念主张废除以教师为中心的教学模式，代之以学生为中心的模式，而以学生为中心的关键在于使学习者感到学习具有个人意义。人本主义教学理念强调教学是一个情感与认知相结合的精神活动。在教学过程中，情感和认知是彼此融合、不可分割的两个部分。整个教学过程是教师和学习者两个完整的精神世界互相沟通、理解的过程，而不是教师向学习者提供知识材料的刺激，并控制这种刺激呈现的次序，期望学习者掌握所呈现的知识并形成一定的自学能力和迁移效果的过程。由此可以理解，教学也不再是以教师为中心，以知识输入讲解为主要方式的活动了。要使整个学习活动富有生机、卓有成效，需要以学习者为中心，深入其内在情感世界，以师生间全方位的互动来达到教学目标。这不同于多年来我国高校英语教学课堂以教师为主体、以教师讲解传授为主要形式的教学方法。

学术英语教学理念。学术英语也是近来在高校英语教学改革中提到的一个新的课程设计理念，它是针对在高校英语教学中盛行了几十年的基础英语提出的。

基础英语的教学重点是语言的技能训练，包括听、说、读、写、译等。而学术英语分为两大类：一般学术英语和专门用途英语。前者主要培养学生书面和口头的学术交流能力，后者主要涉及工程英语、金融英语、软件英语、法律英语等课程。高校英语是以学术英语为新的定位，它与以前注重语言训练的基本英语和高校高年级的全英语课程或“双语教学”不同，同时也与英语专业所学的人文学科的专业英语有明显的不同。这是基础英语的提升期，也就是在学生对英语有了一定的了解和水准之后，为他们以后用英语进行专业学习做好语言、内容和学习技能上的准备，是为其以后学习全英语专业知识奠定基础的一种教学模式。

2. 创新能力培养途径

外语教学方法是在外语教学实践中，经过人们长期的反复探索，不断总结而形成的一系别行之有效的教学方法。一个良好的教学方法可以为外语教学和研究的进一步发展打下基础。我们在近几年的英语教学实践中，一点点地从传统的单一讲解教法中解脱出来，在英语课堂教学中充分使用多元化手段传授英语知识，从而收到了较好的效果。

质疑教学法基于“以学生为中心”的理念的课堂交互活动教学模式中有一种常见的形式叫作师生间的“IRF”形式，即激发（initiation）、应答（response）、反馈（feedback）。教师首先通过提问的方式来与学生产生互动，其次学生做出回答，最后由老师根据学生的回答给出反馈（包括评价、纠错、建议等），这三个环节周而复始，反复进行。简单来说就是老师首先提问，让学生思考，然后在答辩中得到正确的结论。课堂教学就是围绕着解答问题的这个过程展开的，而质疑法可以用在对某种语言或者语法现象产生疑惑时，可以用在课堂上或者是练习讲评中，还可以用来理解文章的主题、段落以及作者的意图等。课堂提问是教师与学生进行信息沟通的有效方式，更是一门值得反复实践的艺术。运用好质疑教学方法是提高学生综合素质的一条有效途径。而教师提出的问题要富有启发、创意与幽默。所提出的问题应该是可以让学生进行思考，让他们主动地去探究，并能积极发表自己的看法。

任务教学法有利于提高学生的英语交际应用能力，表明外语教学已由注重语言知识转向注重语言交际能力，同时开始重视学生的作用，逐渐由以前的以教师为中心向以学生为中心转变。任务教学法是基于交际理论之上的，其目的主要是帮助学生解决学习中遇到的问题，并在解决问题中获得语言知识和掌握使用语言的规律。教学中的交际任务多样包括角色扮演、分组辩论、模拟采访、回答提问和陈述报告等，与此同时，学生还要模仿文本内容包括记叙文、应用文、议论文等各类文体的短文。任务教学法有利于培养学生听、说、读、写的综合技能。现代外语教学理论主张把听、说、读、写看成一个整体，它们既有联系，又互相作用。在任务教学法指导下的教学活动中，每项活动都有若干任务，这些任务包括一种或多种技能训练，只是侧重点有所不同。如以阅读为主的活动任务主要是读、写、说；而以听说为主的活动主要是听和说。因而任务教学法综合训练了学生的四种技能，这符合语言习得的自然规律。

启发式教学从字面意思来看，其重点在于“启”和“发”二字，即启迪思维、激发内因。启发式教学模式是摒弃了以往“以教师为中心”的教学方法，给予学生一定的学习自由，构建一种能够让学生自主进行创造性的语言交流的课堂教学形式。在教学目标上，启发式教学既注重知识的传授，又注重应用能力的培养和非智力因素的培养；在教与学的关系上，启发式教学遵循“以学生为主，教师为辅”的教学原则；在教学方法上，启发式教学注重发挥学生的主体作用，注重学生英语应用的全面发展。总的来说，启发式教学就是按照学生的实际水平和兴趣等实际条件，用科学、形象的方式阐述事理，启发和引导学生积极参与学习。此外，还要根据学生获取与掌握知识与技巧所需要的思维过程的客观规律，来引导学生积极主动地掌握与吸收知识。

联想教学法语言的学习是与记忆密不可分的，心理学研究显示重复是保持记忆的一个重要环节，但是重复的过程中要注意方法的多样化，不要长时间地重复同一个情景。此外，也有相关研究表明，知识在大脑中形成网络状的时候是知识记得最牢固和最清晰的时候。联想是构成有机重复和网状结构最好的结合点。把握好时机和灵感，对有关的知识进行有目的的联想，不仅能实现有机的重复，还能举一反三，将零散的知识串联起来，形成一张网络，这是符合人类认知规律的。联想就其采用的形式而言，主要有临近联想、类比联想、对照联想、因果联想等。从语言教学的角度来看，就是当某一语言材料与另一语言材料有相同或相似之处时，由一材料引起对另一材料的联想。能唤起联想的语言材料比比皆是，联想的方法也多种多样。联想教学法得以顺利应用的关键在于教师对课程大纲和教材的熟悉程度，并能够将其落实到教学过程中。首先教师要先在备课的时候进行联想，捕捉到灵光一闪的瞬间，及时从后往前，在课本中寻找与之相关的内容。因为教师只有先在自己的头脑中构筑起一张网络，才能在教授学生时得心应手，从而引导学生通过重复构建网络。如通过一个词联想起它的内容时，教师应该能够准确地说出所联想的内容在前面第几课出现过，要求学生马上重温，借助温故而知新的方式来体现科学的学习方法。

直接法通过实物、图画、动作、表情等手段把外语和其对应的意思直接联系，达到直接理解和直接应用的目的。这种方法有助于学生在实际情境中学习和运用语言。情境教学法创建真实的或模拟的语言环境，让学生在特定的情境中学习和使用英语。这种方法能够激发学生的学习兴趣，提高他们在实际场景中的语言应用能力。合作学习法鼓励学生之间进行合作与交流，通过小组讨论、角色扮演等活动来学习英语。这种方法能够培养学生的团队协作能力和交流技巧。具体的教学方法，如语法翻译法、听说法等，这些方法各有特点，适用于不同的教学阶段和学生群体。在选择教学方法时，教师应根据学生的实际情况和教学目标进行灵活调整，以取得最佳的教学效果。英语课教学方法的选择应以学生为中心，注重培养学生的语言技能、文化意识和跨文化交际能力。通过多样化的教学方法和策略，教师可以激发学生的学习兴趣，提高他们的英语学习效果。

培养跨文化交际能力是一个复杂且长期的过程，不是仅依托外语课堂教学就可以实现的，这个过程需要社会、学校、其他学科的互相支撑和密切配合。在目标文化环境中生活、与不同文化背景的人交往都是获得跨文化交际能力的重要途径。研究证明，要做到有效地在目标文化环境中从事社会活动，不但需要语言技能、文化素养，还需要克服心理压力的能力，需要成功交际的能力，需要善于建立人际关系的能力。福尔摩斯（Holmes）和奥尼尔（O’Neill）提出 PEER 跨文化交际能力培养模式。模式包括四个阶段，即准备（prepare）、交际（engage）、评估（evaluate）和反思（reflect）。李艳、张卫东提出把 CDIO 教育理念引入外语教育中，创建基于“构思(Conceive)、设计(Design)、实现(Implement)和运作(Operate)”的跨文化交际能力培养模式。该模式由目标、教学大纲、课程计划、教学方案和评价体系五个步骤组成，具有理念科学、目标明确、方案创新的特点。孙有中曾就以跨文化能力培养为导向的外语类课堂教学提出基本原则：思辨（critiquing）、反省（reflecting）、探究（exploring）、共情（empathizing）、体验（doing）。

作为英语教师，自身应具备很强的跨文化意识，这需要教师通过各种方法丰富自己的英语文化知识，对跨文化交际和比较文化差异有深刻的造诣，不断提高自身的文化修养。不掌握文化背景，就不能够教好语言。语言是文化的一部分，不懂得文化的模式和准则，就不可能真正学到语言。正确的教学方式对学生的英语学习起着至关重要的作用。实践表明以学生为中心是多元化教学所要遵循的重要原则。恰当的教学方法与手段、个性化的学习策略是语言学习成功与否的关键。从英语教学的角度来看，任何一种方式都难以达到理想的效果。教师要根据不同教学对象的实际情况选择合适的教学方法展开教学，帮助学生系统整合那些分散的、零散的语言材料，这样不仅能够巩固和加强记忆，健全和发展自己的智力，还可以扩大知识的范围，发掘知识的深度，提升语言知识的综合应用能力。

第三章　新文科视域下跨文化交际能力培养与高校英语教学的融合

随着国际交往的日益频繁以及社会的不断进步，我国高校英语教学的目标也在逐渐改变，从最初对学生语言能力的培养转向对学生交际能力的培养，再到今天对学生跨文化交际能力的培养，这就使跨文化交际成为高校英语教学的一项重要内容。但是，由于中西方文化存在明显的差异，导致跨文化教学中的教与学出现很多困难。因此，本章探讨跨文化交际与高校英语教学相融合，以推进高校英语教学的改革与进步。高校英语教学中融入文化有着非常重要的意义。在早期的高校英语教学中，跨文化交际教学的目的在于让学生理解目的语文化，因此教师教授的也多为目的语文化知识及其相关背景。随着研究的深入，跨文化交际教学的内容也发生了改变，将文化态度、文化观念等内容也容纳进去，这时跨文化交际教学的目标也相应发生了改变。

第一节　文化失语和文化冲突

为满足国家“开放”和“引进”战略对外语人才的需求，各层次外语教育过度倚重语言的工具性学习。美国英语教学专家温斯顿·布瑞姆拜克（Winston Brembeck）认为采取只知其语言而不懂文化的教法，是培养语言流利的傻瓜的最好办法。英语教学不仅要传授语言知识，还要培养学生的交际能力，培养他们运用英语进行跨文化交际的能力。他认为只教语言不讲文化的教法是有害的，这种教法可能会培养出语言流利但在文化理解上存在缺陷的学习者，他们可能无法在实际交流中准确、恰当地运用所学语言。因此，Brembeck 主张在语言教学中融入文化元素，使学习者在掌握语言技能的同时，也能理解和尊重目标语言的文化背景。这种综合性的教学方法有助于培养学习者的跨文化交际能力，使他们能够更好地适应全球化的社会环境。20 世纪 80 年代中期，我国的高校英语教育统一。

高校英语教学内容中人文性教育内容较少，导致了英语教学中的人文教育失去了内容支撑。外语教学内容是以英语能力所代表的西方文化，中国文化相关内容长期处于被忽视状态。在应试教育目标的指挥棒下，教师的中国文化意识薄弱，将培养学生的英语应用能力看作唯一目标。

从人才培养角度来看，我国师范类高校英语专业学生缺乏中华文化的学习，对中国传统文化缺乏系统了解，这直接造成了英语教师中国文化修养的缺乏以及中国文化教学能力的低下，我们将这种现象称为“文化失语”。在跨文化交流中，由于语言差异、文化背景不同等原因，导致某些文化信息在传递过程中丢失或被误解的现象。尤其在全球化的大背景下，不同文化之间的交流与碰撞日益频繁，文化失语问题愈发凸显。中国文化失语症是一个特定概念，指在以汉语为母语的人不能用外语表达母语文化的现象，反映了在文化认知范围上的狭隘和不足。这可能与语言障碍、价值观差异以及文化背景知识的缺乏有关。例如，中西方在婚礼习俗、红色代表的含义等方面存在显著差异，这些差异在跨文化交流中可能导致误解和冲突。为了应对文化失语现象，可以采取以下策略：①提高语言能力。加强语言学习，尤其是外语学习，提高跨文化交流的能力。这包括理解不同语言之间的差异和复杂性，以及掌握跨文化交际所需的词汇和表达方式。②增强文化敏感性。了解并尊重不同文化的价值观、习俗和信仰，避免在跨文化交流中因误解而产生冲突。③融入文化教育。在教育和培训中增加对目标文化的介绍和讲解，帮助学习者更好地理解和适应不同文化环境。

培养出色的国际化跨文化人才的前提是教师首先要具备足够的本族文化素养。跨文化交际不是简单的语言之间互译，而是需要交际者深刻理解彼此的文化背景。在越来越多的、越来越深层的跨文化交往出现的同时，越来越严峻的跨文化交往形势也随之出现。跨文化冲突是伴随着跨文化交际的产生而产生的，在跨文化交际中难以避免跨文化冲突。我们在认识到文化差异的同时，应该思考如何有效避免跨文化冲突。跨文化冲突包括非暴力性的摩擦性冲突和暴力性的对抗性冲突。摩擦是跨文化交际中的误解与分歧导致的不同文化间的争执。摩擦是普遍的、经常发生的。对抗是不同文化之间的暴力冲突，它可能进一步演变为军事化的暴力冲突，也就是战争。对抗是残酷的，总是伴随生命伤亡。当摩擦长期存在并不断加剧，就恶化为对抗，甚至暴力性的对抗冲突。跨文化交际中的摩擦常常以争执，辩论、批评、谩骂等为语言表现形式，以游行示威和请愿抗议为政治行为表现形式。跨文化交际中的摩擦在长时间的积淀中就形成了跨文化冲突。

跨文化冲突普遍存在于世界各地。古今中外，跨文化冲突无处不在。历史悠久的中国，同时也有着跨文化冲突的悠久历史。中国文化的独特性决定了中国文化和其他文化之间必然会发生各种各样的跨文化冲突。近代以来，中国文化与欧洲文化一直处于征服与反征服的冲突状态。除此之外，中国与美国、日本、印度、菲律宾等国家之间也存在跨文化冲突。其中，中国和美国的跨文化冲突表现得最为突出。中国与美国之间的共同性不少，并且有着许多的利益牵连，两国之间的学习，商务往来也非常频繁，但是中国与美国的跨文化冲突的历史也比较长。

跨文化冲突普遍存在于各种文化层面。跨文化冲突可以发生在文化的各个层面，包括价值观、制度，生活方式等。价值观是深层文化因素，是导致跨文化冲突的根本原因。因此，制度、生活方式等层面的跨文化冲突就是价值观层面的跨文化冲突在制度、生活方式层面的一种写照。所以，我们可以通过价值观层面的跨文化冲突来理解文化各个层面的跨文化冲突。一方面，跨文化冲突如果长期存在，没有得到缓解，并且反复进行，就可能不断激化，演变为对抗。另一方面，跨文化冲突的导火索可能是很小的事件，但最后往往会酝酿成大的灾难性事件，以对抗收场。当争吵使得矛盾到达爆发的临界点时，异常大规模的跨文化冲突就会爆发。

文化本身就是一种复杂的现象，跨文化冲突就更应该是一种复杂的现象。有人认为，文化差异是导致跨文化冲突的根本原因。事实上，文化差异可能导致跨文化摩擦，但不一定会引起跨文化对抗。如果文化差异的双方尊重对方的存在价值，就不会产生跨文化冲突。可见，文化差异不一定导致跨文化冲突。导致跨文化冲突的根本原因是试图强制性地消除差异。当一方试图使对方与自己统一，从而消除对方时，冲突就出现了。如果文化差异的双方都想将彼此取而代之，跨文化冲突就表现得十分明显。我们要消除的是跨文化冲突，而不是文化差异。因此，我们绝不能抱有消除差异、同化对方的观念。

跨文化冲突是长期普遍存在的，并且跨文化冲突的影响也将长期存在。一些跨文化冲突消失了，另一些跨文化冲突又产生了，甚至原来已经消除的跨文化冲突又死灰复燃。即使一些跨文化冲突本身消失了，但是这些跨文化冲突造成的不良氛围将长期存在。跨文化冲突引起的仇恨情绪难以消除，任何一方的非理性言行都可能导致跨文化冲突的进一步激化，从而引起新的跨文化冲突。因此，我们应该弱化当前的跨文化冲突，避免当前的跨文化冲突成为新的跨文化冲突的催产素。

面对跨文化冲突的严峻形势，人们要从人类文化本身去寻求跨文化冲突的解决之道，要充分发挥人类文化的创造性，创造出消除跨文化冲突的新文化，以迈向更加和谐、丰富的跨文化时代。对此，联合国等组织大力提倡跨文化对话，联合国教科文组织就提出了“跨文化教育”，并在很多区域组织了一些跨文化教育实践，以此实现文化和平的理想。对于从根本上消除跨文化冲突，跨文化教育有着无限的可能和巨大的潜力。为此，后文将详细探讨跨文化教育实施的原则和策略等问题。

第二节　高校英语教学的问题与现状

基于传统教育体制与理念，我国的高校英语教学呈现出了明显的功利性特色，即考试考什么，教学内容就教授什么。这种传统在初中、高中表现得极其明显。在实际的教学中，教师过分关注语言知识的传授，很少将中国文化知识纳入其中展开教学。受这一思想的影响，不管是教师还是学生，都将教学的目标看作通过考试，教师的教学主要是为了英语过级服务。当然不得不说，这有助于学生提升自身的应试技能，却让他们很难学习到文化背景知识。中国学生都是在母语环境下学习英语的，这种学习效果显然不如在目的语环境中学习。也就是说，我国学生在学习英语时由于缺乏外语学习氛围与环境，很少与异域文化进行碰撞与接触，这就导致他们的实战操练机会很少。例如，很多学生在学习西餐时都会学习“开胃菜”这个词，背诵了几遍就记住了“开胃菜”的单词与意义，但是对于其到底是什么，很多学生并不清楚。但是，如果学生是在目的语环境下，他们只要吃一次西餐，就很容易了解与把握。显然，外语文化环境的缺乏导致学生的英语学习事倍功半。

所谓高校英语教学的语言学立场，即将外语作为一门语言知识来教授的教育策略。具体来说，高校英语教学的语言学立场主要教授给学生词汇、语法等语言知识与语言规则，忽视语言背后其他内容的教授，外语教育中这种单一的语言学立场明显是具有局限性的。

语言和文化是同构的。从形态结构上看，一种语言由语音、词汇和语法三个要素组成；从成因的角度来看，每一种起因都体现一种特定的价值观、思维模式等，每种语言都与一种特定的文化存在着一定的联系，而修辞的使用以及语言意义的产生等都离不开文化特征、文化价值观的调节和约束。所以，语言的发展与传播从本质而言反映的是人们的思维方式和价值观的变化。但从教育的角度来看，语言学习是对文化进行理解与传播的过程。同时也是培养学生的思维模式和价值观的一个过程。脱离了文化的学习，学生所学到的只是一种语言符号，而不是真正意义上的语言。

当然，也有人持另一种观点，认为文化的学习来自语言的学习，但不能将文化单纯地看作是形式化的语言符号，否则对文化的学习便走向纯粹的语言符号。在以往的外语教学中通常将语言教学和文化教学分开进行，而且更偏重于学生语言知识与技能的训练，这样的教学方式不利于学生未来的发展，即便学生的口语十分流利，但因不了解其文化背景而时常会犯一些语用错误。

事实上，所有的知识都包含着符号表征、逻辑形式和意义三个方面，其中，逻辑形式和意义既体现在符号表征中，也体现在特定的文化要素中。如果把语言中的符号知识和它所蕴含的文化元素分开来进行教学，就等于把语言知识和文化含义的联系给割裂开来，那么，外语教育就会丧失其文化地位。

相对于母语，英语教学给学生们提供了另一种选择途径，使学生能够在教学中学习其他民族的语言以及语言背后所蕴藏的文化与价值观念，这有利于增强学生的文化理解能力。世界上各个国家开始越来越频繁的经济交流，这就需要高校培养学生更为开放的思维方式，引导学生逐步培养国际化的意识，但目前所进行的英语教学还未意识到文化的重要性，难以帮助学生了解多元化的世界，也不能培养学生开放的思维。不利于提升学生文化选择力、文化判断力、文化理解力。

我国社会从文化背景的组成上来看，虽然与西方国家社会相比并没有那么大的差别，但其内部也存在一些文化传统。再这样的情况下，我们需要考虑的是该如何进行适合文化模式的教学。我国改革开放政策的持续实施使得国际合作办学蓬勃发展，越来越多的城市纷纷开设了国际学校，不限国籍、种族，这意味着多元文化教育需要更高的要求与规则来进行规范。教师如果对不同的文化模式不了解，就很难驾驭多元文化教育的课题要求，很难提升学生的文化选择力、文化判断力、文化理解力。

第三节　跨文化交际能力培养在高中英语教学中的意义

当前，跨文化交际在高校英语教学中有着重要的作用，其不仅符合当代社会发展对教育的要求，也有助于实现高校英语教学的目标，同时与中国的国情相符合，因此下面就重点探讨跨文化交际在高校英语教学中的意义。

改革开放以后，中国发生了翻天覆地的变化，从曾经贫穷落后的农业大国已经跃升为世界第二大经济体。即使如此，中国依然有着更高的目标，依然要不断提高自己在国际上的经济地位和市场竞争力。国际市场竞争力说到底还是人才的竞争力，高校作为为国家培养、输送人才的主要基地，也必须适应我国经济发展的需要。英语作为高等教育的一门基础学科，影响着学生的职业生涯和可持续发展。英语能力不仅体现在英语知识的掌握程度上，还体现在文化背景知识上。从这一点来讲，高校英语教学中的文化教学也是必不可少的。

在当今大时代背景下，国与国之间的交往日益频繁，这就要求高校学生应该努力学习语言与文化知识，获取语言与文化技能。当今世界是一个地球村，经济全球化使得跨文化交际呈现多样性，因此在跨文化交际教学中，教师除了让学生提升自身的语言能力，还应该提升自身的跨文化交际能力，应对交际中出现的各种变化。随着多元社会的推进，要求交际者应该具备一定的合作能力与意识，无论是生活在什么文化背景中，都应该为社会的进步努力，树立自己的文化意识，用积极的心态去认识世界。可见，跨文化交际教学将英语的价值充分地体现了出来，学生对跨文化交际知识的学习也与社会的发展相符，是中西文化交流不断推进的必由之路。

英语文化和母语文化是两种文化体系，因此英语交际能力就是跨文化交际能力的一种体现。跨文化交际能力的提高，要求学生不仅要了解本族文化，也要精通他国文化，而且还要不断接受现实交际的验证。这就使得高校英语教学为了提高学生的跨文化交际能力，必须进行一定程度的文化教学。中国改革开放不断深入，与国际的互动变得越来越频密，这就需要更多的国际人才参与到国际贸易当中，处理各种国际事务，并深化国际文化的交流。因此，高校的外语教学目标是培养出既懂经济又精通英语的复合型外语人才。我们需要知道的是，国际人才的标准不仅局限于知识体系的完善和语言技能的增强，还要有一种国际化的文化理念，对外国的文化传统和交往礼仪有很深的理解，并且具有进行跨文化交际能力。所以，培养学生良好的跨文化交际能力已成为外语教学中不可忽视的重要环节。跨文化交际能力建立在双方文化的相互理解之上，并通过文化的双向互动和交流来实现。但精通一种语言并不意味着自己就能成为一名优秀的跨文化交际人才。要想顺利、恰当地与外国人交流，不仅要有丰富的词汇、流利的口语，还要对对方的历史背景、风俗习惯、价值观等多个层面有深入的了解。只有这样，才能有效地促进国际交流，提高自身素质和综合能力。为满足我国科技、经济、文化等各方面的发展需要，高校在英语教学中应注重英语教学的革新，注重跨文化教学，将听说读写的教学整合到统一的教学过程中，提升学生全面交流的实用交际能力，从而为国家培养具备国际交流能力和国际竞争力的英语专才。在大学的英语教学过程中，我们必须高度重视文化的差异性，深化学生对各种文化背景的认识，扩大他们的知识范围，这将有助于培养学生的跨文化沟通技巧，并为培养具有国际视野的人才奠定坚实的基础。

人是社会的一部分，并在社会中扮演特定的角色。人在社会发展过程中不断地学习，获得新的知识，学生根据对自己周围的社会环境、社会关系以及社会活动的认识，进而丰富自己的经验、能力、情感等，在此基础上规范自己的言行举止，而人对于知识的运用又会促进社会的发展，所以人和社会是一种互相依赖、互相影响的关系。高校是促进大学生社会化发展的重要力量。当前，我国青少年社交对象与社交途径日益多元化，所以教师在跨文化教学的过程中要注重培养学生与不同人进行合作的意识，这不仅能够强化他们跨文化交际的能力，同时还能够拓宽他们的视野，使他们从多个角度了解世界的发展与进步。因此，跨文化教育的目的和理念是追求平等、尊重差异、提倡合作，符合当代青少年的社会化要求，也让每个学生的能力都能得到最大程度地发挥。在英语教学中，应充分意识到跨文化教学并非空洞的概念。社会发展加强了不同文化之间的人类交流频率。重视跨文化教育可以提高不同文化的认同感和包容性，了解相互尊重、平等合作的精神，这是大学生在当今以及今后社会中生存和发展必须掌握的一项能力，也是大学生社会性发展的必然要求。

在中国经济相对较弱的现状下，需要通过学习英语这一途径来实现中华民族的伟大复兴、民族独立，目的是博通西学，兼收并蓄，融会贯通，使自己变得更强。此外，西方文化是一把双刃剑，我们既要看到它们在科技、三外（外资、外贸、外债）等外交活动中的正面效应，也要清楚它们对中国所产生的强大的、垄断的冲击。改革开放以来，中国的综合国力不断提高，对外交流日益频繁，急需具有世界眼光和对外国文化具有较深理解能力的人才。因此，在大学英语教学中要求把跨文化交际能力的相关内容教学提到一个更高的层次，从而培养学生的多元文化包容能力。因此，加强英语教学中的跨文化交际具有十分重要的现实意义。凝聚和提升世界高等教育的主流意识是高等教育思想的深化。在这种情况下，进行跨文化教育已是一种必然趋势。这对于我们在借鉴国外先进的教育思想和模式、审视中国高等教育和民族文化、反思全球性和民族性问题都产生了重要意义。在这一过程中，我们必须寻找到本土和国外经验的融合之处，才能更好地掌握这一时代的主流意识，并在此基础上进行创造性地发展，凸显自己的特点，以更好地推动我国的高等教育事业的发展。

在全球经济一体化的背景下，中国高校的中外合作办学也随之蓬勃发展。在办学过程中，因教育主体、信息的来源和社会风俗等因素的多元化发展，其在培养人才的过程中不可避免地要受各种文化的影响。因此，对中外合作办学中的跨文化教育进行研究具有重要的现实意义。首先，我们国家的高等教育面临的是来自于国内乃至国际市场的严峻考验。当今，全世界对国际型人才的需求量越来越大，这一趋势必将极大地促进各国的高等教育发展和改革。其次，中外合作办学为各国在文化上的平等交流与融合提供了一条行之有效的途径。在全球范围内，尤其是在经济开放的国家中，跨文化教育已经成为一项重要的战略举措。最后，全球经济一体化带来的货物、服务，特别是人员的跨境开放，使得各高校已成为加快全球经济一体化进程，增进互信的重要渠道，同时高校也成为提升国家竞争力的象征，这可谓史无前例。

随着办学多元化的快速发展，我国高等院校也在以各种途径加强自身软实力。重视并加强各级高层次人才的国际化意识、跨文化工作能力的培养。英语是人类科技进步的结晶。到目前为止，中国还没有一位科学家获得过诺贝尔奖，这不是因为他们没有创新思维，而是因为他们没有足够的英语能力来表达他们的想法和研究结果。此外，无论是教育工作者或科学家，要想自己的研究成果获得国际认可，必须经历一场国际性交流，而这场交流就不可避免地产生思想和文化的碰撞与交融。所以，除了要加强英语教学，还要加强文化方面的教育。让这种文化载体与传播媒介充分发挥其传播以及融合不同区域、属性文化的作用，进而推动国际经济的交流与科技发展。因此，英语教学应提倡采用比较研究的方式，加强跨学科的设置，加强不同院校、不同学科、不同专业、不同课程之间的交流和合作，促进优势互补。同时，英语语言与文化要并行展开教学，立志于培养出复合型知识结构的国际人才，从而使跨文化能力教育的作用发挥到极致，为我国的社会和经济发展做出贡献。中国的高等教育机构和学校都应该注意和加强跨文化的交流，这样学生才会对世界文化有深刻认识，进而成为中华文化的传播者和宣传者。

如何打破文化差异壁垒，把握其共性实质与规律也是高校英语教学的一项重要任务。高校培养的人才应具备国际创新精神，能为构建新的世界文化格局做出一定的贡献。文化差异始终会存在，不同文化的人在交流中由于缺少对不同文化的了解，会造成不必要的误解，甚至会发生文化冲突，因此，开展跨文化交流、增进各国间的相互了解是一种行之有效的途径。要实现这一目标，必须在高等教育领域加大与国外发达国家的交流，以适应我国高等教育的新形势。因此，各高校必须重视英语教学中跨文化教学的重要性，从根本上改变思想、提高认识、制定相应的对策。

跨文化交际在高校英语教学中有着非常重要的作用。在跨文化交际视域下，高校英语教学可以使学生在语言学习中理解与接受异域文化，为顺利展开跨文化交际实践做准备。对于我国高校英语教学的对象而言，在英语学习的过程中，不可避免地会有文化的学习。这一过程有助于帮助学生开阔眼界，建立文化身份，形成自身的批判性思维。当然，在高校英语跨文化交际教学中，还需要遵循一定的原则和策略。

第四节　跨文化交际能力培养体系优化路径

实施任何一种教学都有着特定的原则。在文化能力培养的实施过程中，要根据文化的属性来制定相应的原则。跨文化能力培养的教学中也应该遵循一定原则。

（一）优化培养过程的原则

理解文化为目标原则。文化理解指的是学习者以客观、正确的态度看待、理解母语文化和目的语文化，并能以得体的行为方式与非本族语者进行跨文化交际。只有正确地理解自身以及他国文化，才能更好地进行跨文化交际。英语教学中强化文化性原则应当坚持以理解为目标的原则。在教学过程中，教师可以采取分析或解释目的语文化等手段，帮助学生了解两种文化的差异，以及差异的根源。此外，在教学评价时，教师需要考虑学生对目的语文化的共情能力，而非一味地关注学生对非本族文化的排斥或接受情况。在文化多元化的大格局之下，引领潮流的世界性文化不再由某个单一国家或民族来创造，而是由更多主体来创造。文化多元化是世界文化创造主体和世界文化元素的多元化。如今的时代已经远离了文化霸权，而是你中有我、我中有你，倡导文化包容。文化只有具备包容的品质，世界不同国家和民族的文化才能在共存中达到更多的一致，进而使得世界各个国家和民族联系得更加紧密。在人类文化发展史上，封闭的文化会被推到边缘的地带，并且阻碍世界历史的前进脚步；只有那些包容性的文化才能主导世界文化，推动世界历史的发展。包容性的文化比较能够接受其他文化中的先进成分，因此能够较好地发展，也比较容易被其他文化所接受，因此就能够从地域性文化向世界性文化转变，进而成为推动世界文化进步的强大力量。从根本上讲，一种文化之所以缺乏包容性，是因为文化创造主体的思想狭隘，并且这种封闭的文化也会影响生活在其中的人们的思维方式，使得他们也变得狭隘，缺乏开放精神，难以接受其他文化，从而导致世界在文化上的割裂。过于强调世界上的文化冲突，不利于世界文化的发展。只有包容性的文化才有利于推动世界文化的车轮滚滚向前。

语言和文化互动原则。在英语教学中实施文化教学时，教师既要实现教师和学生之间的互动，也要实现中西文化的互动。就教师和学生之间的互动而言，教师教学影响着学生的学习，而学生又反过来影响着教师的教学传播行为。跨文化教育应该紧贴时代的教育脉搏，改变以前的单向传递模式，在互动中求得发展和优化。至于语言和文化的互动，学生应该了解语言和文化的相互联系，用发展的、动态的眼光看待二者之间的关系。在这个经济全球化的时代，不同文化之间的互动表现得越来越突出，互动的频率有所提高，互动的范围有所扩大，互动的深度有所增加。跨文化交流本身就要求进行文化的双向交流，语言本身也是在交流中产生和发展的，因此跨文化外语教育过程也应是一个互动的过程。

依据语言教学的整体目标，单纯的语言教学已经慢慢向文化教学倾斜。在英语教学中实施文化教学时，教师应从宏观入手，帮助学生掌握文化学习的整体性。整体文化输入原则包括纵向和横向两个维度，从纵向来看，文化的形成是一个源远流长的过程，时间横跨古今，学生应该对文化的生成和发展脉络有一种清晰的把握；从横向来看，文化具有多样性，不同的文化具有不同的特色，所以文化的输入类型也应是兼而有之的。另外，为了提高学生在跨文化交际中的文化自信心，教师应该引导学生尊重母语文化，适度适时地宣扬母语文化中的精华部分。但是，教学内容应保持理性中立的态度。总之，教师不应该将教学孤立起来，应注重引导学生关注文化的整体性，即整体地输入古今中外文化。从文化支配地位的角度来看，文化分为主流文化和非主流文化。主流文化是当前社会提倡的文化，是大多数人认可的文化。在英语教学中实施文化教学时，教师应该选择具有广泛代表性的主流地位文化来进行输入，从而使学生更能适应当下的社会生活。

（二）优化培养过程的策略与方法

有理念就有方法，方法形成之后，会随着理念的变化而变化。既然高校英语文化教学的理念在广泛传播，那么它的实施方法就需要被探讨。通过构建多元化的跨文化交际课程体系、加强师资培训与教学资源建设、教学方法与手段创新、多媒体与网络技术赋能培养过程、实践教学与跨文化体验、开展国际交流与合作项目等方法不断优化现代化进程中跨文化交际人才的培养路径。

文化导入和内容优化。在中国，学生一直浸润在母语环境中，周围的英语环境极其缺乏，甚至是空白的，因此学生对很多文化背景知识可能是不太了解的。当学习材料中的文化背景知识影响到学生对学习材料的理解时，教师可以对有影响的文化背景知识做一些说明介绍。教师的说明介绍最好安排在讲解学习材料之前的一段时间进行，以便为学生理解学习材料做铺垫。要将说明介绍的工作做好，教师需要提前在课外时间做好准备工作，搜集一些与教学内容相关的典型性文化知识，并通过自己的消化理解将其恰当地应用到课堂之中。通常情况下，教学材料中的作者、内容和事件发生的时代可能都蕴含着一定的文化内涵，学生必须广泛学习这些背景知识，否则就难以准确理解所学材料。例如，Frankenstein 一词。如果缺乏文化背景知识不理解 Frankenstein，也就不能明白整句话的意义。英国女作家雪莱（Shelley）的一部科幻小说里描写了一位发明怪物并被自己发明的怪物消灭的年轻医生 Frankenstein。当时克隆技术大肆蔓延，作者极度担心这种克隆技术会对人类社会造成重创，“Frankenstein”自此便成了科学怪物的代名词。另一个很好的例子是 Beetles 一词。它即可指昆虫、乐队，也可指德国大众的微型汽车。唯有对词汇的文化背景有充分了解，才能在上下文中正确理解其涵义。通过课程目标的不断更新，增强跨文化意识，使学生意识到文化的多样性，并理解不同文化间的相互影响和交融。提升跨文化技能，包括跨文化沟通、合作、问题解决和适应能力，使学生能够更有效地在多元文化环境中工作和生活。培养全球视野，引导学生关注全球性问题，理解全球化对人类社会的影响，培养全球公民意识。

多元化知识结构和实践结合。增加文化多样性内容，除了介绍主流文化外，还应关注非主流文化，展示更广泛的文化图景。强化跨文化沟通技巧，包括语言技巧和非语言技巧，如体态语言、面部表情、礼仪规范等。增设案例分析与实践活动，通过真实案例分析和模拟实践活动，让学生在实践中学习和应用跨文化知识。采用多元化教学方法，如角色扮演、小组讨论、项目合作等，可以激发学生的学习兴趣和参与度。利用现代教育技术，如在线课程、虚拟现实等，为学生提供更丰富的学习资源和更真实的学习体验。实施合作式教学，鼓励学生之间的合作与交流，共同解决跨文化问题，培养他们的团队协作能力。以多种形式实施高校英语文化教学，相当于一碟开胃菜，形式可以多样化。例如，在教材中设立文化专栏，在课外组织参观文化展览，举办英语文化主题讲座或组织文化表演等。

教师也可以将优秀的但传播度不高的英语书籍介绍给学生，并以书中的文化知识为主题开展，戏剧表演、知识竞赛等活动。这些活动都需要在教师的指导和监督下进行，以便让活动真正实现高校英语文化教学的目的。以戏剧表演为例进行说明，微型剧可以包括一至两个文化事件，学生在参与戏剧的过程中，可能会导致一些文化误读的现象，通过反思、调查之后，就能找出文化误读的根本原因，从而学习了文化知识。

开展国际化学术交流。聘请外籍教师、开展职业化工作坊。外教不仅可以提升学生的英语学习兴趣，还能真正促进学生跨文化交际能力的提高。外教作为异域文化中的成员，比较能够引起一批学生的好奇心，这些学生在与外教接触和交流的过程中增强了对英语口语表达的信心，还能收获课堂上学不到的社会文化背景知识，从而真正提高英语文化敏感度和英语交际能力。学校可以定期利用外教组织英语角，这样就为学生创造了纯正地道的英语环境和文化环境，有利于英语听力和口语能力的提高，从而使得跨文化交际能力也有一定的进步。不少跨文化教师虽出身外语专业，但是由于口语的练习机会很少，英语口语表达能力依然比较欠缺。而外教在学校展开教学以后，这些中国英语教师因为教学工作的关系，也就获得了许多与外教直接交流的机会，外教可以帮助他们纠正语音上的错误，从而帮助中国老师提高英语口语表达能力。另外，外教是在另外一种不同的文化氛围中成长和学习的，其教学模式可能更加有趣、生动，中国的英语老师就可以汲取他们教学模式中的优势，这样也有利于提高教学水平。中国教师的跨文化交际能力和英语教学水平提升以后，直接的受益者就是学生。中国教师的跨文化交际能力提升了，就能在和学生的交际中更有效地提升学生的跨文化交际能力；中国教师的英语教学水平提升了，在实施高校英语文化教学中就能取得更好的效果。

外教通过教学工作让他们获得了良好体验，他们往往也会把国外教育行业的朋友或者机构等介绍给学校，这样学校就可以通过夏令营、冬令营的形式和国外的教育行业进行互访，学习和交流，从而提高学生的跨文化交际能力。教师要努力尝试通过和学生的互动来实施高校英语文化教学。教学的本质决定了教学不应该是单向行为，而是双向行为。因此，高校英语文化教学应该真正回归到教学的本质上来。互动法的完美落实需要教师做好一些功课。教师要培养学生正确的文化心态，让学生平等看待一切文化。要营造平等、自由和开放的互动氛围，鼓励倾听和表达，使得学生尽情发挥，畅所欲言。在互动过程中，教师和学生可以扮演不同文化中的角色，让学生深入理解外来文化。跨文化教师继续教育是一个专注于提升教师在跨文化教育方面的专业能力和素养的教育过程。随着经济全球化进程的加速和跨文化交流的不断增多，教师不仅需要掌握扎实的学科知识，还需要具备跨文化教育的意识和能力，以更好地适应和应对教育国际化的挑战。

跨文化教师通过教育理论知识的学习，了解和掌握跨文化教育的相关理论，包括文化多样性、文化适应、文化冲突与融合等方面的知识，以便能够在实际教学中灵活运用。教师需要学习并掌握跨文化教学的方法和技能，如如何设计跨文化教学活动、如何引导学生进行跨文化交流、如何评估学生的跨文化能力等，以提高教学效果。通过分析跨文化教育的典型案例，教师可以从中汲取经验和教训，提高自己的实践能力。同时，参与实际教学活动，如组织国际交流项目、参加跨文化教育培训等，也是提升跨文化教育能力的重要途径。在跨文化继续教育的过程中，可以采用多种培训模式，如跨文化能力培养相关知识讲座、跨文化交流项目、专业培训课程等。这些培训模式可以帮助教师深入了解跨文化教育的理念和实践，提高他们在跨文化教育方面的专业素养和能力。积极转变教师角色，从知识传授者转变为学习引导者和合作者，与学生共同探索跨文化学习的乐趣和挑战。

胡文仲先生认为一个人学习异国的语言、习俗和社会规则等虽然不易，但并不是不可达到的目标，但要真正了解另一种文化的价值观却极为困难。一个人可以在另一种文化中生活很长的时间，掌握其语言，了解其习俗，但可能并不理解隐藏在表象之后的价值维度。

尊重文化差异。在跨文化内容的构建中应尊重不同文化的独特性和多样性，避免对任何文化进行贬低或歧视。要尊重个体的文化认同，不将自己的文化观念强加于人。理解文化背景，深入理解目标文化的历史、传统、信仰、习俗等背景知识，有助于更准确地传达跨文化信息，避免误解和冲突。这种理解应贯穿于跨文化内容的始终，确保信息的准确性和有效性。在跨文化能力塑造的过程中，不能片面强调知识与认知，更重要的是培养正确的跨文化意识与态度。寻求文化共性，不同文化之间存在差异，也有很多共性和相通之处。在跨文化内容中，应努力寻找这些共性，以便建立起双方的互信和沟通桥梁。这有助于促进不同文化之间的交流和融合。适应目标受众，文化内容的设计应充分考虑目标受众的文化背景、语言习惯、认知方式等因素，以确保信息能够被准确理解和接受。这包括使用适当的语言、符号和表达方式，以及考虑不同文化背景下的接受度和敏感性。

强调文化交流与理解。跨文化内容的最终目的是促进不同文化之间的交流与理解。因此，在内容设计中应注重展示文化的多样性和包容性，鼓励受众以开放的心态去接纳和理解不同文化。同时，也应提供足够的空间和机会，让受众能够参与到跨文化交流中，分享自己的文化经验和观点。

保持客观与中立。在呈现跨文化内容时，应保持客观和中立的立场，避免过度解读或误导受众。同时，也要尊重不同文化之间的差异和争议，不刻意回避或夸大某些方面。遵循这些原则，有助于构建出既具有深度又易于理解的跨文化内容，促进不同文化之间的交流与融合。

第四章　英语跨文化交际学的培养实践

跨文化交际下的高校英语教学注重培养学生的跨文化交际能力，让学生能够适应不同文化背景的交际环境。通过引入多元文化背景的教材、案例和活动，让学生更好地理解不同文化间的差异和共性，同时提高英语应用能力和跨文化沟通技巧。

第一节　跨文化交际中的理论构建与术语

“Intercultural Communication”是一个涉及多个学科领域的术语，主要指的是跨文化交流或跨文化沟通。它关注不同文化背景的人们如何有效地进行信息交换、意义共享和互动。在全球化日益加强的今天，这一术语的重要性愈发凸显，因为人们越来越需要在多元文化的环境中进行有效沟通和合作。

跨文化交流涉及一系列复杂的认知、情感和行为过程，包括语言的使用、非语言信号的解读、文化习俗的理解以及价值观的协调等。这一过程不仅要求交流者具备基本的语言能力，还要求他们具有足够的文化敏感性，能够理解和尊重不同文化的差异，同时灵活应对跨文化交流中的挑战。从实践的角度来看，跨文化交流在多个领域都有广泛应用，如国际商务谈判、国际关系、教育、旅游、移民等。在这些领域中，跨文化交流能力被视为一种重要的竞争优势，能够帮助人们更好地适应多元文化环境，实现更有效的合作和互动。

跨文化交流也是许多学科领域的研究对象，如语言学、传播学、社会学、心理学等。这些学科从不同的角度探讨了跨文化交流的本质、特点、影响因素以及提升策略等，为人们深入理解和应对跨文化交流提供了理论支持和实践指导。“Intercultural Communication”是一个涉及多个领域和层面的重要术语，它提醒人们在经济全球化时代要关注文化差异，提升跨文化交流能力，以实现更有效的合作和互动。

（一）霍夫斯泰德（Hofstede）跨文化维度理论

霍夫斯塔德跨文化维度理论是荷兰心理学家吉尔特·霍夫斯塔德提出的用于衡量不同国家文化差异的一个框架。该理论通过大量的实证研究，将文化差异归纳为几个基本的维度，从而帮助人们更好地理解和适应不同文化背景下的交流与合作。

以下是霍夫斯塔德跨文化维度理论的主要维度：

权力距离（power distance）：这一维度衡量的是社会或组织中权力分配的不平等程度以及人们对这种不平等的接受程度。例如，美国属于权力距离较小的国家，企业通常采用扁平化的管理方式。

不确定性规避(uncertainty avoidance)：这一维度考察的是社会对于不确定性和模糊性的容忍程度，以及是否倾向于通过正式渠道来避免和控制不确定性。高不确定性规避的社会往往有更明确的社会规范和原则来指导行为。

个人主义与集体主义（individualism & collectivism）：这一维度用于衡量某一社会是更强调个人利益还是集体利益。西方社会大多倾向于个人主义，而东方社会则更多体现集体主义。

男性化与女性化（masculinity & femininity）：这一维度探讨的是性别与工作角色之间的关系，以及社会对男女传统角色的取向。男性化社会通常更强调性别角色的差异，推崇坚决行为及获取财富；而女性化社会则更注重人际关系和工作的平衡。

长期导向与短期导向（short-term & long-term time orientation）：这一维度反映的是一个社会对长期利益和短期利益的价值观。长期导向的社会更注重未来、动态、节约储蓄和留有余地；而短期导向的社会则更关注眼前利益和传统习俗。

霍夫斯塔德跨文化维度理论的意义在于提供了一个全面、系统的框架来理解不同文化之间的差异，从而有助于跨文化交流和合作。这一理论不仅为学术研究提供了有力的工具，也在实践中广泛应用于跨国公司管理、国际商务谈判、跨文化教育等领域。然而，需要注意的是任何文化理论都是对复杂现象的简化表示，因此在使用霍夫斯塔德跨文化维度理论时，需要结合具体情境和实际情况进行灵活应用，避免过度概括或刻板印象。

（二）霍尔语境论

霍尔的理论被称为跨文化交际学的语境观，即 high-context & low-context

model。这一理论主要关注在跨文化交际中，语境如何影响信息的传递和理解。陈国明在其著作中引用了霍尔对 high-context & low-context 的定义："It refers to the fact that when people communicate, they take for granted how much the listener knows about the subject under discussion. In low-context communication, the listener knows very little and must be told practically everything. In high-context communication, the listener is already contexted; and does not need to be given much."

霍尔认为任何事物均可被赋予高、中、低语境的特征。高语境传播或信息的特点是大部分信息或存于物质语境中，或内化在个人身上，而极少数则处于清晰、被传递的编码信息中。这意味着在高语境文化中，重要的信息通常通过情境性的线索（如地点、时机、情境、关系）来传递，人们崇尚人际关系的和谐，倾向于使用模棱两可的语言和保持沉默，避免直接冲突。相比之下，低语境传播则恰好相反，即将大量的信息置于清晰的编码信息中，以便补充语境中丢失的部分。在低语境文化中，人们倾向于使用直接的语言交际风格，不特别强调情境或语境，重要的信息通常靠明确的语言交流来传递，自我表达、流利的语言和雄辩的讲话受到推崇。

霍尔进一步指出语境是有关一个事件的信息，与事件的意义密切关联。他认为代码、语境和意义是一个事件的不同方面，即使相同的代码由于语境的不同也会产生不同的意义。因此，在跨文化交流中，理解并适应不同语境对于有效沟通至关重要。霍尔语境论的应用广泛不仅有助于人们更好地理解和应对跨文化交流中的挑战，也为跨文化交际学、语言学、教育学等领域提供了有力的理论支持。例如，在教育领域，霍尔语境论可以帮助教师更好地理解和适应不同文化背景的学生，提高教学效果。

总的来说，霍尔语境论是一个深入且全面的理论，它揭示了语境在跨文化交际中的重要作用，为人们提供了理解和应对跨文化交流挑战的新视角。

（三）Kluckhohn 和 Strodtbeck 框架

K-S 框架或克鲁康 - 斯特洛德贝克框架是一个跨文化研究的参考框架。这一理论框架提出了六种用以评定基本文化的维度。

①人与环境的关系：探讨人类如何看待自己与周围环境的关系，如人定胜天、天人合一或天命不可违等观念。

②时间取向：关注人们对时间的态度和取向，包括过去、现在和未来的视角。

③人性观念：涉及对人性本善、人性本恶或善恶兼而有之的判断。

④活动取向：强调人类活动的模式和重点，如个人发展、行为或身份认同等。

⑤责任定位：探讨社会关系模式和个体在社会中的角色和责任。

⑥空间取向：涉及人们对空间的感知和利用方式。

此外，Kluckhohn 和 Strodtbeck 的理论还基于三个基本的假设：首先，任何时代的任何民族都必须为某些人类的共同问题提供解决的方法；其次，这些问题的解决方法不是无限的或任意的，而是在一系列的选择或价值取向中的变化；最后，每种价值取向都存在于所有的社会和个体中，但每个社会和个体对价值取向的偏好不同。

这一理论框架为跨文化研究提供了重要的参考，帮助人们更好地理解和适应不同文化背景下的交流和合作。同时，它也为文化多样性研究、国际交流、跨文化教育等领域提供了有力的理论支持。通过深入了解和应用这一理论框架，人们可以更好地促进不同文化之间的理解和融合，推动全球化进程的发展。

（四）Schwartz 价值观

这一价值维度量表是由心理学家谢洛姆·施瓦茨（Shalom H. Schwartz）提出的，主要描述和解释了人类普遍持有的价值观念。该理论基于对不同文化和社会群体的广泛研究，总结出了一系列普遍性的价值观念，共计 19 种基本价值观。这些基本价值观可以归为多个维度，包括但不限于：

①自我方向：包括独立和宽容，强调个体追求自主独立，尊重并包容不同的文化和意见。

②成就：根据社会标准，显示胜任工作的能力，体现了个体自我肯定及群体或集体互动的需要。

③权力：指社会地位和名望，对他人和资源的控制，源自自我操控的需要和控制他人的互动需要。

④安全：涉及个人和集体的安全、和谐与稳定，表现为社会秩序、家庭安全、互惠等方面。

⑤顺从：强调在日常生活中与亲近的人交往中的自我限制，表现为服从、自律、尊师敬长等。

⑥传统：重视并接受文化或宗教中传达的传统和理念。

Schwartz 价值观还涉及其他多个方面，如普遍性，指的是为了所有人类和自然的福祉而理解、欣赏、忍耐、保护，包括社会公正、世界和平、智慧、保护环境等。这些价值观并不是孤立的，而是相互关联和影响的。在不同文化和社会中，这些价值观的重要性和优先级可能会有所不同，但总体上，它们构成了人类行为的核心驱动力。通过了解Schwartz价值观，人们可以更好地理解自己和他人，促进跨文化交流和合作，并在不同文化背景下做出更加明智和合理的决策。同时，对于企业和组织来说，深入了解员工的价值观，有助于更好地进行员工管理和激励，提升组织绩效。

除了以上核心理论，跨文化交际能力的培养要求学生掌握相应的核心术语。跨文化交际学的核心术语包括跨文化交际、文化身份、宏观文化、微观文化、双重认同理论、文化适应等，这些核心术语共同构成了跨文化交际学的基本概念框架，帮助人们更好地理解和应对跨文化交流中的挑战，提高跨文化交际的能力。

第二节　语言技能和跨文化能力的融合培养路径

在高校英语文化教学中，教师应该不断培养学生的批判性思维，让学生对本国文化加以反思，然后采用多元文化的有利条件，对文化背后的现象进行假设，确立自己的个人文化观念。当中西方两种文化进行接触时，不可避免地会遇到碰撞的情况，并且很多时候也会感到不适应。因此，在高校英语文化教学中，教师应该帮助学生避免这一点，让他们有更多机会了解异域文化，提升自身的文化适应力。

（一）语言中的文化相异性

语言是文化的一部分，因此在跨文化交际视域下，高校英语教学必然包含语言文化的教授，此外还存在一些非语言文化以及中西文化的对比，这些也是英语文化教学的重要组成部分。要想能准确地进行跨文化交际，双方首先就需要弄清英汉语言文化的差异性，其主要表现在词汇、句子、语篇上。

1. 词汇结构的文化差异

对于英汉语言来说，词汇是其组成的细胞，英汉两种语言中的词汇是非常丰富的。但是，这种丰富性也导致了英汉词汇在词义、搭配等层面的差异性。在英汉两种语言中，有些词在词义上是完全对应的，一般这类词包含名词，术语、特定译名等。例如，paper指代“纸”，steel指代“钢”。在英汉两种语言中，有些词呈部分对应，即有些英语词词义广泛，而汉语词词义狭窄，有些英语词词义狭窄，但汉语词词义广泛。例如，sister 既代表“姐姐”，又代表“妹妹”；red 既指代“红色”，又可以指代“紧急、愤怒、极端危险”。受英汉文化差异的影响，英汉语中很多专门的词在对方语言中找不到对应词，就是所谓的“无对应”，也可以被称为“词汇空缺”。例如，chocolate 即“巧克力”，hot dog 即“热狗”。还有一些词表面看起来是对应的，其实不然，这种词语可以称为“假朋友”。例如，grammar school 为“升高校的学生设立中学”，而不是“语法学校”；talk horse“吹牛”，而不是“谈马”。词汇的搭配研究的是词与词之间的横向组合关系，即所谓的“同现关系”。一般来说，搭配是约定俗成的，但是英汉搭配规律存在着明显的规律，不能混用。例如，as plentiful as blackberries 多如牛毛，black tea 红茶，这些搭配都不能按照其字面意思理解。如英语中的 to do 可以构成很多词组。to do the bed 意思是“铺床”，to do the window 意思是“擦窗户”，to do one's teeth 意思是“刷牙”，to do the dishes 意思是“洗碗碟”。通过上述 to do 组成的这些词语可以看出其搭配能力的广泛，可以用于“床”“窗户”“牙”“碗碟”等，但是汉语中与之搭配的词语不同，用了“铺”“擦”“洗”等。汉语中的“看”也是如此。“看电影”即 see a film，“看电视”即 watch TV，“看地图”则为 study a map.

由于母语与所学目的语之间的差异，一些词汇的内涵与外延在两种语言中往往不尽相同。词汇意义的理解与语境有着密切关系，语境不同，词汇的含义也会有所差异。因此，在词汇课堂教学中，教师还应通过各种手段使学生理解语境与情景之间的关系。例如：

a treacherous friend 背信弃义的朋友

a treacherous stone 石头不稳

work on a novel 写小说

work on the house 建（修／粉刷）房子

work on a branch of a tree 削树枝

由上述例子可以看出，同一词汇在不同的语境中会有不同的含义。因此，在英语词汇教学中教师应有意识地引导学生，使学生了解和掌握词汇在不同语境中的不同含义。

在英语词汇课堂教学中，教师不仅要让学生掌握词汇的含义，还要让学生学会使用词汇，也就是掌握词汇的用法，即词汇的搭配、短语、习语、风格等。例如，我们通常都会用 hot 形容热，这是在书面语中的用法，如果在口语中会有不一样的意思，如我们说“That is a hot guy.”在这里hot是形容一个人身材或是长相很吸引人。

词汇搭配在英语学习中十分重要，因此也是英语词汇课堂教学的重要内容。在具体的语境中，一个词往往要求和某些特定的词汇搭配。例如，allow，permit，consider，suggest等这类动词后不能接不定式，只能接动名词。此外，有些词组是固定搭配，不能混用。例如，out of question的意思是“没问题”，out of the question的意思是“不可能”，两者的结构十分相似，但意义却相差甚远。

词性、词缀、词的拼写和发音等即词汇的基本信息，此外，构词法也属于词汇信息的范畴，如名词的可数与不可数，动词的及物与不及物，及物动词的句法结构等。关于英语词缀，《英语语法大全》中分别对英语前缀和后缀进行了分类，将前缀分为九大类，共51个，将后缀分为四大类，共50个。英语是一种拼音文字，在学习英语词汇时就必须掌握单词的读音和拼写形式。所以，在教学过程中应使学生认真总结单词里每个字母的读音规律，把单词的拼写形式与其读音联系在一起，在单词拼写形式和读音之间建立一种对应关系，以掌握英语词汇的读音和拼读两个基本要素。

词汇的语法特点又称词法，主要包括名词的可数与不可数、动词的及物与不及物、及物动词的句法结构等，它们也是英语词汇课堂教学的重要内容。具体来讲，词汇的语法就是要解决如动词接什么样的宾语，是接不定式还是动名词，是从句还是复合宾语，如何安排副词短语的位置等问题。

词汇是构成语言的基本单位，也是英语教学的重要内容。词汇受文化的影响十分显著，同一词汇在不同的语言中可能有不同的差异，这就给学生的词汇学习和词汇教学造成了一定的影响。因此，英语词汇教学的开展应以跨文化交际理论为指导。语法是语言使用规律的综合，是语言的基本框架，它赋予了语言结构形式。语法教学能够高效地帮助学生了解目标语的语法规则和句子结构，掌握语言的使用规则。学生的语言学习无时不受语法的支配。虽然高校生已经学了多年英语，对语法知识也有一定的掌握，但语法教学仍应该是高校英语教学的重要内容。在跨文化背景下，了解英汉语言的语法特点和差异对于有效掌握和运用语法知识进行跨文化交际十分有利。

英语词汇的数量是极其庞大的，所以英语词汇量需要日积月累，不能一蹴而就。也就是说，对词汇的掌握也应该是一个渐进的过程，无论是拼写，语义、用法等都应按照层次逐步提高，实际上这个提高的过程也是词汇教学在质的方面的发展过程。学生对词汇的认知越全面，越有助于学习和掌握更多的词汇，也越有助于熟练运用词汇。因此，高校英语词汇教学注重词汇数量与质量的统一，并以此为原则来指导学生的词汇学习。

在英语词汇学习中，兴趣发挥着重要的作用。如果学生对英语词汇学习有兴趣，那么学生就会有持续的动力，词汇学习就会一直坚持下去，而且学生会带着强烈的欲望去练习英语，寻找一切机会提高自己的词汇水平，在不知不觉中，学生的词汇能力就有提高。反之，如果学生对词汇学习失去兴趣，那么学生将没有学习的动力，学习效果也会不佳。因此，在英语词汇课堂教学中，教师应有意识地激发学生的学习兴趣，通过设置多样的教学活动来调动学生的好奇心，进而培养学生的词汇能力。每一种语言都不能脱离其背后的文化而独立存在，而文化也会借助语言来表现自己，两者密不可分。词汇作为语言的基本组成部分，也蕴含着丰富的文化内涵，所以学习英语词汇不仅要掌握词汇的基本意义，还要掌握词汇的特定文化内涵和词汇在不同文化背景下所体现出的文化差异。例如，汉语中的“知识分子”和英语中的 intellectual 基本含义相对，但文化含义却又很大差异。“知识分子”在中国不仅指受过高校教育的人，在偏远的农村中学生也被看作“知识分子”。但是在欧美国家，intellectual 仅指高校教授等有较高学术地位的人，其范围要比中国的“知识分子”小很多。所以，在英语词汇课堂教学中，教师应对词汇的深层文化含义进行挖掘，让学生有所领悟，并从中感受中西文化的差异，进而提高学生的词汇运用能力。

词汇空缺是指一种语言中有的词在另一种语言中没有与之相对应的词的现象。这些词汇有的源于对客观认识的不同，有的源于社会生活的不同，往往蕴含着浓厚的文化，如 Pink　Lady（红粉佳人）指一种鸡尾酒名，Cheesecake（奶酪蛋糕）指女性健美照等。学生习惯了通过寻找相对应的词义来学习英语词汇，而这种词汇空缺现象必然会对学生的英语词汇学习造成影响，自然也会对高校英语词汇教学造成影响，因此这种现象应引起教师和学生的重视。在具体的高校英语词汇教学中，教师应采用英语释义法对这些词语进行讲解，即详细说明它们在英语中的含义及使用情况，以使学生对它们的概念和意义有个清晰的认识，为将来在语言交际中的使用奠定基础。

有些英汉词汇的语义以及文化内涵不等值，这种情况也对高校英语词汇教学有着显著影响。这种不等值主要表现在概念意义、内涵意义和搭配意义三个方面。

所谓概念意义指的是一个词的基本含义，即字面含义。所谓内涵意义指的是超出概念意义之外的意义。在内涵意义方面，英汉词汇表现出的差异更明显。例如，英语中的 politician 一词具有贬义色彩，指一些追逐名利的政客，但汉语中的“政治家”则具有褒义含义，指从事与政治有关的人。再如，英语 idealism 一词具有两层含义，作为哲学术语来讲，其含义是“唯心主义”，但汉语中的“唯心主义”一词带有贬义。

所谓搭配意义指的是词与词之间的组合关系。通常搭配关系都是约定俗成的，这在习语中表现得尤为突出。上述几种英汉词汇语义和文化内涵不等值的情况会给学生的词汇学习以及词汇教学带来影响。针对这种情况，教师应采用对比法，即通过对比法揭示这类词语在不同层面意义上的差别，让学生清楚它们的异同，进而掌握它们的具体应用情况。

因英汉文化背景的不同，英汉词义的联想及其文化意象也有着显著的差异，具体体现在词汇的比喻、联想意义和社会文化意义的不对应上。下面以颜色词为例进行说明。英汉颜色词汇的文化内涵有着显著的差异。例如，在汉语文化中，红色一直都备受青睐，它是热烈、欢快、喜庆、吉祥的象征。在中国古代，王公贵族所居住的豪宅大院其大门多漆为红色，用以象征富贵。到现在，人们在结婚、过节时仍以红色作为装饰色调，以显示喜庆的氛围。在西方文化中，red 也表示荣誉、尊贵和喜庆，但贬义的内涵显得更为突出。表示暴力、流血，如 a red battle（血战）；表示激进、危险，如 red hot political campaign（激烈的政治运动）；表示负债、亏损，如 red ink（赤字）。

可见，英汉词汇在词义联想和文化意象方面有着显著的差异，这些差异进而导致语义的不同。此外，因历史背景的差异，英汉习语中的固定搭配以及典故词语等有显著的不同，这些差异对英语词汇教学造成了影响，阻碍着学生学习的顺利进行。针对此类情况，教师应采取有效的方法，让学生理解词汇所产生的词义联想、所包含的文化意象，以丰富学生的文化知识，提高学生的学习效率。

2. 跨文化视角的英语词汇教学

鉴于中西文化差异对英语词汇课堂教学的影响，在具体的教学中教师应根据具体的教学内容、教学原则和教学对象灵活选用教学方法，培养学生的文化素养，提高学生的词汇能力。通过上述内容可知英语词汇文化内涵知识学习的重要性。因此，在高校英语词汇教学中，教师应采取不同的方法在词汇教学中融入文化内容，以丰富学生的文化知识，并具体提高学生掌握单词的效率，进而提高学生的跨文化交际能力。

（1）直接法

直接法就是在教师进行词汇教学时，根据教材内容有意识地介绍一些文化背景知识以及文化内涵词，这是词汇教学中最常用的一种文化导入方法。例如，当教师在讲解关于 Myth and Legend（神话与传说）的课文时，教师可以先向学生介绍些古希腊、古罗马神话故事，然后再引入故事中的词汇，如 Trojan horse（特洛伊木马），Achille's heel（致命的弱点）等。为了使学生更加直观、深刻地了解和记忆词汇的文化含义，教师可以借助多媒体手段，使学生对文章的文化背景有一个清晰的了解，从而让学生更好地掌握所学词汇。

（2）文化对比法

中西文化间的差异在词汇上有着显著的体现，教师在教授英汉文化中有着明显差异的词汇时，应将词汇教学与文化教学结合起来，通过文化对比让学生深刻地认识英汉词汇文化内涵的异同。例如，在教授 lotus（莲）这一单词时，就可以通过文化对比的方式让学生来掌握这一单词。在汉语文化中，“莲”是“正直，高雅”的象征，而在英语文化中，lotus 却与懒散有关，如 a lotus life（懒散、悠闲和无忧无虑的生活）。词汇教学通常是比较枯燥的，而文化对比教学则能增加词汇教学的生动性，并且在丰富学生文化知识的同时，也能使学生牢固掌握词汇。

（3）语境法

语境是指词、短语、语句或章篇及其前后关系。由于英语词汇的意义多存在于特定的语境中，所以英语词汇课堂教学也要结合一定的语境展开。脱离语境展开的词汇教学，即使学生已经记住了词汇的形式和意义，但也无法真正掌握词汇的用法。因此，在高校英语词汇教学中，教师要深入到句子和语篇中，做到词不离句，句不离篇。例如，white 有“白色”“纯洁”“信任”等不同的意思，教师只有将其放入不同的句子或语篇中才能被学生理解。当教授新的生词时，教师可以将其置于特定的语境中，由学生猜测词汇的意义。如 Mr. Li was a worker. He is over sixty. He is too old to work. He is retired now. 根据语境可知，retired 是“退休”的意思。经过语境推测学习，学生能深刻地了解、记忆和掌握该词的含义。

（二）语法结构中的语言差异

英语中的句法十分重要，了解中西方句法的不同特征有助于更好地进行英汉互译。英文词法可分为构词法和词类。构词法讨论不同的词缀、词的转化，派生、合成等内容，词类可以进一步分为静态词和动态词。当然，静态词并不是绝对不变的。例如，形容词有比较级和最高级的变化，名词则有格、数、性等的变化。动态词主要包括动词以及直接与动词相关的语态，时态、分词，动名词、不定式，情态动词、助动词，虚拟语气、不定式等。句法可以分为三大部分，即句子成分，句子分类、标点符号。句子成分是指单词、词组或短语在句子中所起的作用或功能，主要包括以下八大类：主语、谓语、宾语、表语、定语、状语、同位语、独立成分。依据不同的分类标准，我们可以将句子分为不同的类型。按句子的目的可以分为陈述句，疑问句，祈使句，感叹句；按句子的结构可以分为简单句，复合句和并列句。主句，从句、省略句等也是与句子有关的内容。

1. 中英文句法结构的差异

中西方句法的差异有很多，这里主要从语态、句子重心层面入手分析。词汇具有很强的搭配能力，汉英语言中的语法搭配关系也并不总是对等。中西方思维模式的不同必然会影响着语态的选择。通过分析英汉语可知，英语善用被动语态，而汉语善用主动语言，英汉翻译中也呈现这一特点。语言是文化的载体，选择不同的语态代表着文化的不同。英语选用被动语态说明英语国家的人对客观事物是非常看重的，而汉语选择主动语态说明中国人对做事主体的作用是非常看重的。在句子重心上，汉语句子则与之相反，即重心在后；英语句子一般重心在前。也就是说，汉语句子一般把重要信息、主要部分置于句尾，而次要信息、次要部分置于句首。英语句子一般将重要信息、主要部分置于主句之中，位于句首。对于英汉两种语言来说，语篇即语言的运用，是更为广泛的社会实践。在中西语言中，语言是词汇、句子等组合成的语言整体，是实际的语言运用单位。人们在日常交谈中，运用的一系列段落都属于语篇。同时，语篇功能、语篇意义等都是根据一定的组织脉络予以确定的。中西方语篇在组织脉络上存在着明显的差异，这些差异影响着人们的谋篇布局。

中英文句子逻辑连接具有隐含性与显明性。所谓隐含性是指汉语语篇的逻辑关系不需要用衔接词来表示，但是通过分析上下文可以推断与理解。相反，所谓显明性是指英语中的逻辑关系是依靠连接词等衔接手段来衔接的，语篇中往往会出现 but，and 等衔接词，这可以被称为“语篇标记”。汉语属于意合语言，英语

属于形合语言，前者注重意念上的衔接，因此具有高度的隐含性；后者注重形式上的接应，逻辑关系具有高度的显明性。例如，

跑得了和尚，跑不了庙。

The monk may run away, but never his temple.

上述例子中，汉语原句并未使用任何连接词，但是很容易理解，是明显的转折关系。但是，在翻译时译者为了符合英语的形合特点，添加了 but 一词，这样才能被英语读者理解。句法学习的内容还包括了标点符号。此外，词组的分类、功能，不规则动词等也属于句法的学习内容。由于英语词法和句法知识具有零散性，因此教师在语法教学时要注重体系化和系统化。词法和句法之后，对基本的语法知识要有所掌握，此后就可以进行章法的学习。章法的教学内容主要涉及句子之间的逻辑关系、篇章的结构逻辑等。表示比较对照的词语，如 by contrast, by comparison, unlike；表示程序的词语，如 first, second, then, finally 等都属于章法的范畴。英语语法的内容十分繁杂，常会使学生顾此失彼，这也是在语法学习和使用中最困难的地方。据此，语法教学应该有一个核心。整个语法教学的核心是整个语法知识和技巧发展的基点。

中英文句子结构具有展开性与浓缩性。除了逻辑连接上的显明性，汉语中呈现展开性，即常使用短句，节节论述，这样便于将事情说清楚、说明白。英语在语义上具有浓缩性。显明性是连接词的表露，是一种语言活动形式的明示，但是浓缩性并未如此。英语具有独特的思维方式与语言特点，这也决定了表达方式的高度浓缩性，习惯将众多信息依靠多种手段来思考，如果将其按部就班地转化成中文，那么必然是不合理的。例如，

She said, with perfect truth, that it must be delightful to have a brother, and easily got the pity of tender—hearted Amelia, for being alone in the world, an orphan without friends or kindred.

她说道，“有个哥哥该多好啊”这话说得入情入理。她没爹没娘，又没有亲友，真是孤苦伶仃。软心肠的阿米莉亚听了，立刻觉得她很可怜。上例中，with perfect truth 充当状语，翻译时，译者在逻辑关系上添加了“增强”的逻辑关系。英语介词与汉语介词不同，是相对活跃的词类，因此用 with 可以使感情更为强烈，在衔接上也更为紧密。相比之下，汉语则按照语句的次序进行平铺，这样才能让汉语读者理解和明白。

中英文句子结构还具有迂回性与直线性的区别。英汉逻辑关系的差异还体现

在表述的直线性与迂回性上。汉语侧重铺垫，先描述一系列背景与相关信息，最后总结陈述要点。英语侧重开门见山，将话语的重点置于开头，然后再逐层介绍。例如，

Electricity would be of very little service if we were obliged to depend on the momentary flow.

我们需要依靠瞬时电流时，电就没有多大用处。

上例中的逻辑语义是一致的，都是“增强”，但是在表述顺序上则相反。英语原句为主从复合句，重点信息在前，次要信息在后，在翻译成汉语后，次要信息优先介绍，而后引出重点信息，这样更符合汉语的表达。

汉语属于主题显著语言，其凸显主题，结构上往往包含两个部分，一部分为话题，一部分为对话题的说明，不存在主语与谓语之间的一致性关系。英语属于主语显著的语言，其凸显主语，除了省略句，其他句子都有主语，并且主语与谓语呈现一致性关系。对于这种一致性关系，英语中往往采用特定的语法手段。例如，

The strong walls of the castle served as a good defense against the attackers.

那座城墙很坚固，在敌人的进攻中起到了很好的防御效果。

显然，英语原句有明确的主语，即 The strong walls of the castle，其与后面的谓语成分呈现一致关系。相比之下，翻译成汉语后，结构上也符合汉语的表达，前半句为话题，后半句对前半句进行说明。

中国人注重主观性思维，因此汉语侧重人称，习惯采用有生命的事物或者人物作为主语，并以主观的口气来呈现。西方人注重客观性思维，因此英语侧重物称，往往采用将没有生命的事物或者不能主动发出动作的事物作为主语，并以客观的口气加以呈现。受这一差异的影响，汉语往往以主体作为根本，不在形式上有所拘泥，句子的语态也是隐含式的，而英语中的主被动则呈现出明显的界限，并且经常使用被动语态。例如，

These six kitchens are all needed when the plane is full of passengers.

这六个厨房在飞机载满乘客时都用得到。

显然，英语句子为被动式，而汉语句子呈现隐含式。

2. 文化交际目的下的语法教学原则

在跨文化交际理论下，英语语法教学应遵循以下几项基本原则，以有效培养学生的语法能力，提高学生的交际能力。

（1）文化关联原则

语言与文化紧密相关，因此语法与文化也有着密切的联系。在英语词汇课堂教学中，教师应注意文化因素对学生学习的影响，并有意识地联系西方文化，将英语还原至当时的语境中，以帮助学生理解和记忆语法知识。总之，在英语语法课堂教学中遵循文化关联原则，有助于学生正确使用英语语法，进而有助于提高语法教学的效果。

（2）以学生为中心原则

在教学不断发展的同时，学习观也在不断发生变化，学习不再被看成单纯地接受信息的过程，而是学生一起参与的过程。培养学生的英语综合应用能力是英语教学的主要目的，因此英语语法教学应从“提供知识”向“展开活动”转变，鼓励学生积极参与，让学生在参与、实践和体验中共同建构语法知识，提高语言能力。在高校英语语法教学中，教师应以学生为中心，充分发挥学生的积极性，鼓励学生参加语言活动，尽量把语法规律的发现、学习和掌握交给学生自己去完成，从而培养学生的语法学习兴趣。

（3）真实性原则

生动、真实的学习情景有助于学生快速接受信息，并能激发学生的思维和积极性，进而建构传递信息的愿望。因此，在英语语法教学中，教师应根据教学和学生的需要设计真实的交际任务和互动活动，这样学生就可以在活动中直接感受语法，对于学生而言，语法不再是一些抽象的规则，而是真实交际生活中的一部分。

（4）交际原则

学习语法知识并不仅仅是了解和掌握这些知识，而是将这些知识实际应用于交际中。有学者指出，在语法教学中了解语法概念固然重要，但是只读语法书并不能真正了解语法概念，还必须经过不断实践才能清楚语法概念，所以学习语法并不能机械死板地背一些语法的条条框框，还应在实践中不断运用所学的语法知识。因此，在英语语法课堂教学中，教师应变传统的语法知识体系为语法应用体系，将语法学习与语法应用结合起来，培养学生的语言运用和交际能力。

文化背景、社会环境以及思维模式等都影响着人们的表达习惯，不同文化背景的人在组织语言时会有独特的习惯。语法中的句子结构因为受到文化因素的影响也会有差异出现。语言是文化的一部分，语法是语言的一个重要方面，两者之间的关系非常密切。英语语法是语言交流的基础，没有语法就无法说出正确的句子，也就无法表达意图。只懂语法而对文化一无所知同样也会造成语言交流的障碍，二者之间是一种相辅相成的关系。语法的学习可以促进语法能力的运用，语法能力的提高可以有效传播文化内涵。

文化因素对语法教学也有着显著影响。要想说一口地道的英语只有词汇量是不够的，还要有正确的语法体系来组织语言。语法的运用会受到现有文化背景的制约，这就是在语言学中所提到的母语负迁移的影响。母语负迁移指的是在第二语言的学习中并没有起到支持和促进的作用，反而在某种程度上干扰了第二语言的习得。其中，中式英语的出现就是受母语负迁移的影响。

任何一种语言的输出和使用都要依赖于语法，只有掌握好语法才有能力构建出正确的句子，但是要想使自己的语言在符合语法规则的同时又符合英语的表达习惯，就必须在语法的学习过程中重视文化的影响。英美文化的学习是英语语法学习的一个重要组成部分。只学习英语语法而忽略文化的差异对语法的影响就会造成中式英语的出现。

3. 跨文化交际理论下的英语语法教学方法

在跨文化交际理论下，英语语法教学应灵活采用多种教学方法来教授学生语法知识，向学生传授英语文化知识，进而培养学生的语法能力，提高学生的跨文化交际能力。

（1）对比分析法

因英汉文化背景的差异，英汉语言有着各自的特点，两者之间呈现出较大的差异。在英语词汇教学中，教师可采用对比分析的方法来开展教学工作。我国学生一直都是在汉语环境下学习英语的，固定的汉语思维模式必然会影响学生的英语学习，而这也会给教学带来一定的阻碍。此时，教师可在了解学生学习规律的基础上，在语法课堂教学中采用对比分析法进行教学。教师应让学生认识到文化差异对语法学习的重要性，并使学生了解英汉语法间的各种差异，这样就可以降低母语思维的负迁移，帮助学生更加有效地掌握英语语法知识。

英汉两种语言在语法方面呈现出诸多的差异，如英语中有名词单复数的变化，但汉语中没有；英语中的动词有时态变化，但汉语中没有；英语定语往往后置，而汉语宾语多前置。例如，

The two books I bought yesterday in a book store are written by a famous writer.

我昨天在书店买的两本书是一位著名作家写的。

通过上述英语原文和汉语翻译可以看出，无论在名词、定语还是谓语上都有

着显著的不同。如果不了解英汉语言在结构上的差异，就很可能按照汉语思维来表达英语句子，进而就会出现很多的语法问题。再如，

If any of the joint ventures wish to assign its registered capital, it must obtain the consent of the other parties to the venture.

合营者的注册资金如果转让必须经合营各方同意。

英语重形合，因此在句式组成中习惯将重点提前，在例句中便形成了主语凸显的结构。汉语重意合，主要关注句子表达的含义，因此在上例的翻译时凸显了主题。

（2）归纳与演绎教学法

根据行为主义理论，外语学习是通过类比推理来学习的，因此需要特别强调归纳法。由此可以看出，行为主义者特别强调归纳法学习。归纳教学法是一种发现型教学方式，通过分析、总结语言使用规律，深化学生对语法的理解，提高学生发现、解决问题以及对比、归纳的思维能力。归纳教学法具体包含三个步骤：一是观察，二是分析和比较，三是归纳和概括。具体而言，归纳教学法先由教师呈现一些具体的语言材料，这些语言材料中包含所要学习的语法规则。之后引导学生在这些语言材料的基础上归纳、总结出语法规则。教师在呈现语言材料的时候可辅以图片、实物、影像等直观材料，为学生创设一个真实的情境，在激发学生积极性的同时，也能帮助学生建立语法规则与语言情境之间的联系，而且也能避免教师填鸭式教学的弊端。

演绎法是与归纳法相反的一种教学方法，它也是英语语法教学中常用的一种教学方法。演绎教学法是指教师先引导学生对所学语法规则进行初步理解，然后举例验证所学语法规则的教学方法。演绎教学法主要涉及三个步骤——提出语法规则，举例，解释语法规则。采用演绎教学法进行语法教学是一个从理论到实践的过程。这种教学方法易于操作，省时省力，替换或变换是最常采用的练习方式。演绎教学法比较适用于具有强烈学习动机的学生，以及一些复杂的语法规则的讲解。演绎教学法能够有效激发学生的学习积极性和自信心，有助于学生对语法知识的准确掌握。需要注意的是，教师在采用演绎法进行语法教学时，语法规则的讲解要简明扼要，列举的实例要简洁清晰，不必讲解过多的规则例外情况。

总体而言，在跨文化交际理论下，英语词汇和语法教学应注重文化因素的重要性，并在教学目标和教学原则的指导下，选用多样化的教学方法开展教学，以提高学生的词汇和语法能力，培养学生的跨文化交际能力。

（三）跨文化意识构建与非语言因素

在西方国家，人们大多认为世界是客观的，是与人对立的一个存在，即“主客二分”，人作为社会的主体，想要认识和了解世界，就需要站在对立面上对自然界进行认真的观察、分析、研究，如此才能从根本上了解和认识大自然，领悟大自然之美。西方人的文化审美强调对大自然进行模仿，认为文化就是对大自然的一种模仿。希腊是西方古代文化的发源地之一，这一地区最突出的文化艺术形式就是雕塑，其在很大程度上表现出了西方人的审美观念与标准。除了雕刻，西方人还十分喜欢叙事诗，二者作为艺术领域的典型代表，都反映了西方社会主客二分的审美标准，是一种写实风格的体现。西方人认为，人对大自然的审美一般包括两种心理过程：畏惧、征服，因此人们对审美判断的最终结果往往也局限于这两种心理过程中。众所周知，“天人合一”精神是中国传统文化的精髓，延续了数千年，在这一精神思想的影响下，人们在审美观念上主要体现为与大自然相融，人与大自然是一体的。在中国古代历史上，很多哲学家、思想家都提倡“天人合一”的思想观念，他们认为艺术的表现同样应该体现出人与自然的天性，顺其自然，不可人为强制。儒家所提倡的美学观点是美学自身不仅需要具有合理性的特征，还需要合乎伦理，与社会习俗观念相一致，实现“真”“善”“美”的统一。此外，中国古代历史上所形成的审美理论还重视体物感兴，即强调主体的内心与外在事物相接触。

西方绝大多数哲学倾向和流派都强调“主客二分”，把主体与客体对立起来。所以，西方人从一开始就用各种方法征服自然，强调个人奋斗的价值，对于个性、自由非常推崇，注重自我实现。但是如果对个人主义过分强调，可能也会影响整个社会的亲和力。中国人从日月交替等现象中产生了“万物一体”“天人合一”的意识。这种意识也体现在人与人之间的关系上，因此中国人群体意识强，强调集体价值高于个人利益，追求社会的和平统一。当遇到个人利益与集体利益发生冲突时，人们往往被要求与集体利益保持一致性。虽然这种情况在当代社会有所改变，但是中国人仍旧有着强烈的集体归属感。同时，中国人以谦逊为美，追求随遇而安、知足常乐。

西方人追求变化，认为“无物不变”，尤其对于美国这样一个多元移民的国家，人们为了满足基本的生存需要以及对物质的迫切需求，一直在求变、求创新。如果不进行创新，那么就不能满足他们已经取得的成就，也无法追求更美好的生活。因此，美国人往往不会受传统的限制，也不会受教育、家庭、个人能力等条件的限制，而是不停地在变换中探求个人的最大潜力，从而实现个人价值的最大化。受儒家思想的影响，中国文化历来强调求稳求安，渴望祥和安宁。中国人习惯乐天知命，即习惯生活在祥和的环境中，知足常乐，相安无事，如果背井离乡，那么就会像游子一样，漂泊无依。现如今，人们对于安居的理念也是根深蒂固的，认为即使蜗居在一个特别小的房子，那也会让自己有满足感。

在处理谈判关系时，西方人侧重将矛盾公开，然后投入大量时间、人力等对这些矛盾问题进行处理，从而实现预期的结果。在西方人眼中，谈判双方只有明白说出问题，然后彼此才能将问题具体化，在考虑自身利益的情况下对问题进行解决。西方人对于数据、事实是非常看重的，不会刻意回避冲突，而是直面冲突，公开阐述自己不同的意见。当然，西方人在处理问题上也不会过于呆板，有时候会妥协，目的是尽快将协议达成。在中国人眼中，人际关系非常重要，因此他们在谈判中往往会尽量避免冲突，认为这些冲突可以运用其他方式解决，如合作、妥协、和解等。

如果在交际中发生冲突，中国人往往强调双方合作的益处，以抵消彼此的冲突以及冲突对彼此造成的不快。例如，在处理冲突时，中国人为了避免冲突，往往在争议问题的基础上提出自己新的见解，或者提出一些折中的方案，避免这些争议问题升级，显然这表现出较高的灵活性，从而使谈判双方保持良好的交际关系。中国人之所以对这种交际关系进行维持，主要是由于如下两点原因：一是在中国人眼中，即便双方发生冲突，只要彼此的关系存在，对方就有义务考虑另一方的需要；二是只要彼此的关系存在，即便暂时未达成协议，也能够为将来达成协议做准备。

“天人二分”的西方哲学观必然引出西方文化对真理的追求。认识自然的目的在于探求真理，以便指导自己去改变自然、征服自然。无论是古希腊哲人赫拉克利特（Heraclitus）、柏拉图（Plato），还是亚里士多德（Aristotle），都主张认识的根本目标在于发现真理，智慧就在于认识真理，并把能认识真理视为人的最高追求。人们眼中的中世纪代表着愚昧、荒诞，虽然如此，那时候的人们仍然大肆宣扬着对真理的追求。圣·奥古斯丁（Saint Augustine）就认为，在真理面前，心灵和理性都要让步，人人都想要获得幸福，但是途径只有一条，那就是获得真理，并且认识了真理便认识了永恒。在中世纪，神学利用各种方法证明上帝的存在，这在一定意义上都是为了求得神学真理。但是，要发现真理还需要运用科学的手段，因此培根创造出了通过实验与理性来发现真理的科学方法。同样，笛卡尔也强调，追求真理要运用正确的方法，至于什么是正确的方法，还要深入研究。

对于真、善、美的向往，是人类的共有特性。但是，西方文化是先求真，再求善，真优于善。例如，古希腊早期哲学只涉及真，而未涉及善。后来，道德问题在哲学中地位有所提高，但仍然是存在于真理的基础上。一直到近代，西方文化一直遵从这种真高于善、善基于真的格局，由此我们可以说西方文化为认识文化。从一定意义上说，中国文化是一种伦理文化，因为在中国古代文化中，认识、求真往往与伦理，求善结合在一起，并且前者附属于后者。儒学的经典之作《论语》，就是以伦理为核心的，然后延伸到政治等方面。孔子甚至将“中庸”看成美德之至。孟子也是在其“性善”说基础上建立其“仁政”和“良知、良能”学说的。孟子认为，认识的先天能力（良知、良能）源于性善。“诚”的中心内容是善；“思诚”的中心内容是“明乎善”。唯有思诚、尽性，才能解除对良知、良能的遮蔽，获取充分的知识和智慧。显然，善高于真而衍生真。宋明理学作为儒学的新阶段，已吸收综合了道、佛的某些重要思想，但其基本构架仍是伦理思想统驭认识论，如“格物致知”的认识论就在伦理学的控制范围之内，理学的认识论完全被伦理学兼并了。

相比之下，在西方社会中，尤其以美国为典型来说明，人们的一切行为都以个人作为中心，个人的利益不可侵犯，这是典型的个人本位主义。受这一思想的影响，美国十分重视个人的隐私，这体现在社会生活的各个方面，如人们在进行交谈时，一般会避开个人隐私话题，因为这对于他们是禁忌，包含年龄、收入等都属于隐私问题。在西方文化观念中，看到他人出门或者归来，从来不会问及去哪里或者从哪里回来；在看到他人买东西时，也不会问及东西的价格，因为这些问题都是对他人隐私的侵犯，即便你是长辈或者上司，也都不能询问。从古至今，中国人喜欢聚居的生活，如“大杂居”“四合院”等都是很好的表现，目的在于这样的居住有助于接触，但是也会干扰到个人的生活。同时，中国人骨子里就推崇团结友爱、相互关心，个人的事情就是一大家子的事情，甚至是集体的事情，因此人们习惯聚在一起去谈论自己或者他人的喜悦与不快，同时愿意去了解他人的喜悦与不快。在中国的文化习俗中，长辈或者上级询问晚辈或者下属的年龄、婚姻情况等，是出于关心的目的，而不是对他人隐私的窥探。通常，长辈与晚辈、上级与下属的关系比较亲密时才会问到这些问题，而且晚辈或者下属也不会觉得这是对个人隐私的侵犯，反而会觉得长辈或上级很亲切。

西方人的思维呈现直线式，在表达思想时往往是直截了当，在一开始就点明主题，然后再依次叙述具体情节和背景。这种思维方式对语言也产生着重要的影响，即英语为前重心语言，在句子开头说明话语的主要信息，或者将重要信息和新信息放在句子前面，头短尾长。例如，“It is dangerous to drive through this area.”该句子以 it is dangerous 开始，点明主题，突出了重点。中国人的思维方式呈现曲线式，在表达思想和观点时常迂回前进，将做出的判断或者推论以总结的形式放在句子最末尾。这种思维方式在语言中的反映是汉语先细节后结果，由假设到推论，由事实到结论，基本遵循“先旧后新，先轻后重”的原则。例如，同样是“It is dangerous to drive through this area.”这句话，汉语表达则是“驾车经过这一地区，真是太危险了。”从该例既能感受到中国的曲线思维，又能了解中西思维的差异。

西方倾向分析性思维，对事物进行分析时，既包括原因和结果分析，又包括对事物之间关系的分析。17 世纪以后，西方分析事物的角度主要是因果关系。恩格斯特别强调了认识自然界的条件和前提，他认为只有把自然界进行结构的分解，使其更加细化，然后对各种各样的解剖形态进行研究，才能深刻地认识自然界。西方人的分析性思维就从这里开始萌芽，这种思维方式将世界上的人与自然、主体与客体、精神与物质，思维与存在等事物放在相反的位置，以彰显二者之间的差异。这种分析性思维包含两个层面：一是分开探析的思维，既把一个整体的事物分解为各个不同的要素，使这些要素相互独立，然后对各个不同的独立要素进行本质属性的探索，从而为解释整体事物及各个要素之间的因果关系提供依据。二是以完整而非孤立、变化而非静止、相对而非绝对的辩证观点去分析复杂的世界。马克思主义哲学大力提倡这种思维层次。

在最早的生成阶段，宇宙呈现出阴阳混而为一、天地未分的混沌状态，即太极。太极动而生阳，静而生阴，在动静交替中产生出阴、阳来。阴阳相互对立、相互转化。事物总是在阴阳交替变化的过程之中求得生存、发展。从哲学的角度来看，阴和阳之间的关系是从对立走向对立统一的。这就体现了中国传统哲学的整体性特点，它不注重对事物的分类，而是更加重视整体之间的联系。我国儒家和道家也认为人与自然、个体与社会就是一个大的整体，二者是不能被强行分开的，必须相互协调地发展。儒家所大力提倡的中庸思想就发源于阴阳互根互用的整体思维中。基于整体性思想，中国人总是习惯于先从大的宏观角度初步了解、判断事物，而不习惯于从微观角度来把握事物的属性，因而得出的结论既不确定又无法验证。由此中国人逐渐养成了对任何事物不下极端结论的态度，只是采取非常折中、含糊不清的表达方式，在表述意见时较少使用直接外显的逻辑关系表征词。总而言之，中国人善于发现事物的对立，并从对立中把握统一，从统一中把握对立，求得整体的动态平衡。

西方人的创新思维较强，并且也具有鲜明的批判性，因此西方哲学在各个时期都有不同的理论体系，前仆后继。西方思维方式趋于多元化，注重多方向、多层次，多方法地寻求新的问题解决方案，重视追根穷源，具有发散性、开放性。西方人勇于打破常规。对西方人来讲，有变化，才有进步，才有未来，三者之间有着直接的关联。没有变化、进步，就没有未来。翻开西方历史，显而易见的是标新立异的成功。正是这种创新的价值取向，使西方人永远生活在生机勃勃的氛围中。中国封建社会的一体化政治结构，决定了中国传统文化长期以来遵守“大一统”思想，要求个人和社会的信仰一致。这种“大一统”思想又通过儒家的“三纲五常”“礼乐教化”来得到巩固。儒家倡导中庸之道，反对走极端，避免与众不同，主张适可而止。中国封建社会希望社会中所有的人，上至国君，下至百姓，都形成同样的价值取向和行为模式。在这种“大一统”文化的熏陶之下，中国人的思维方式相当保守，极端排斥异己，因而也具有很强的封闭性，缺乏怀疑、批判、开拓和创新的精神。但是，正是因为这种保守思想，中华文化才得以保存、延续和发展。

不同民族的人们在观察事物或解决问题时，会采用不同的视角和思维方式。西方人习惯采用逆向思维，通常从反面描述来实现预期效果。这种思维在语言上有着充分的体现，如在说“油漆未干”时，英语表达是 wet paint，在说“少儿不宜”时，英语表达是 adult only。相较于西方，中国人更倾向于顺向思维，就是按照字面陈述其思想内容。这在语言中的体现十分明显，如“成功者敢于独立思考，敢于运用自己的知识”这句话就是按顺序表达，而且其意思可以按照字面意思理解。而这句话英语表达时则是“Winners are not afraid to do their own thinking and to use their own knowledge.”由此可以看出中西方思维方式的差异。对于非语言文化，一般来说主要包含如下几类。

1. 身势语

体态语又可以称为“身体语言”，其由美国著名的心理学家伯得惠斯特尔（Birdwhistell）提出。在伯得惠斯特尔看来，他认为身体各部分的器官运动、自身的动作都可以将感情态度传达出去，这些身体机能所传达的意义往往是语言不能传达的。体态语包含身势、姿势等基本姿态，微笑、握手等基本礼节动作，眼神、面部动作等人体部分动作等。所谓体态语即传递交际信息的动作与表情。也可以理解为除了正式的身体语言之外，人体任何一个部位都能传达情感的一种表现。由于人体可以做出很多复杂的动作与姿势，因此体态语的分类是非常复杂的。体态语包括眼睛动作、面部笑容、手势，腿部姿势、身体姿势等。

眼睛动作是人类重要的器官，是表情达意的重要组成部分，如愤怒时往往“横眉立目”，恋爱时往往“含情脉脉”等。在不同的情况下，眼睛也反映出一个人不同的心态。当一个人眼神闪烁时，他往往是犹豫不决的；当一个人白了别人一眼时，他往往是非常反感的；当一个人瞪着他人时，他往往是非常愤怒的等。之所以眼睛会有这么多的功能，主要是因为瞳孔的存在。一些学者认为，瞳孔放大与收缩不仅与光感有关，还与个体的心理活动有着密切的关系。当人们看到喜欢的东西或者感兴趣的事物时，他们的瞳孔一般会放大；当人们看到讨厌的东西或者不感兴趣的事物时，他们的瞳孔一般会缩小。瞳孔的改变会无意识地将人的心理变化反映出来，因此眼睛是人类思维的投影仪。既然眼睛有这么大的功能，学会读懂眼语是非常重要的，同时要注意不要读错。例如，到他人家中做客，最好不要左顾右盼，这样会让人觉得心不在焉，甚至心术不正。需要指出的是受民族与文化的影响，人们用眼睛来表达意思的习惯并不完全一样。

面部笑容在人的一生中非常重要。当人不小心撞到他人时，笑一笑会表达一种歉意；当向他人表达祝贺时，笑一笑更显得真挚；当与他人第一次见面时，笑一笑会缩短彼此的距离。可见，笑是人类表情达意不可或缺的语言之一。笑可以划分为多种，有大笑、狂笑、微笑、冷笑，也有轻蔑的笑、自嘲的笑、高兴的笑、阴险的笑等。当然，笑也分真假，真笑的表现一般有两点：一种是嘴唇迅速咧开，一种是在笑的间隔中会闭一下眼睛。当然，如果笑的时间过长，嘴巴开得缓慢，或者眼睛闭的时间较长，会让人觉得这样的笑容缺乏诚意，显得非常虚假和做作。当然，笑也有一些“信号”。由于文化背景的差异，不同国家的人对笑的礼仪也存在差异。在大多数国家，笑代表一种友好，但是在沙特阿拉伯的某一少数民族，笑是一种不友好的表现，甚至是侮辱的表现，往往会受到惩罚。

手是人体的重要部分，在表达情意的层面作用非凡。大约在人类创造了有声语言时，手势也就诞生了。手是人们传递情感行之有效的工具之一。一般情况下，手势可以传达的意思有很多，高兴的时候可以手舞足蹈，紧张的时候可能手忙脚乱等。当一个人挥动手臂时，往往表达告别之意；当一个人挥动拳头时，往往表达威胁之意。而握手这样一个日常生活中普遍的动作，也能够将一个人的个性表达出来。第一种类型是大力士型，其在与他人握手时是非常用力的，这类人往往愿意用体力来标榜自己，性格比较鲁莽。第二种类型是保守型，这类人在与他人握手时往往手臂伸得不长，这类人性格较为保守，遇到事情时往往容易犹豫。第三种类型是懒散型，这类人与他人握手时，一般指头软弱无力，这类人的性格比较悲观懒散。第四种类型是敷衍型，这类人与他人握手是为了例行公事，仅仅将手指头伸给对方，给人一种不可信赖的感觉，这类人做事往往比较草率。第五种是标准的握手方式，即与他人握手时应该把握好力度，自然坦诚，不流露出任何矫揉造作之嫌。

在舞会、晚会、客厅等场合，人们往往会有抖腿、别腿等腿部动作，这些动作虽然没有意义，但是它们在传达着某种信息。因此，腿在人们的表情达意过程中有着非常重要的作用。对腿的动作的了解是了解人们内心的一种有效途径。当你坐着等待他人到来时，腿部往往会不自觉地抖动，以表达紧张和焦虑之情。当心中想拒绝别人或者心中存在不安情绪时，往往会交叉双腿。

2. 副语言

副语言又可以称为“伴随语言”“类语言”，其最初是由语言学家特拉格（Trager）提出的。他在对文化与交际进行研究的过程中，搜集整理了一大批心理学与语言学的素材，并进行了归纳与综合，提出了一些适用于不同情境的语音修饰成分。在特拉格看来，这些修饰成分可以自成系统，伴随着正常交际的语言，因此被称为副语言。具体来说，其包含如下三点要素。

音型指的是发话人的语音物理特征与生理特征，这些特征使人们可以识别发话人的年龄、语气等。

音质指的是发话人声音的背景特点，包含音域、音速、节奏等。例如，如果一个人说话吞吞吐吐，没有任何的音调改变，他说他喜欢某件东西其实意味着他并不喜欢。

发声其包含哭声，笑声、伴随音，叹息声等。上述三类是副语言的最初内涵，之后又产生了停顿、沉默与话轮转换等内容。

3. 客体语

所谓客体语是指与人体相关的服装，相貌、气味等，这些东西在人际交往中也有着非常重要的作用。从交际角度而言，这些层面都可以表达非言语信息，都可以将一个人的特征或者文化特征彰显出来，因此非言语交际是一种非常重要的媒介手段。无论是西方文化还是中国文化，人们对于自己的相貌都非常看重。但是在各国文化中，相貌评判的标准也存在差异，有共性，也有个性。例如，汤加人认为肥胖的人更美，缅甸人认为妇女脖子长更美，美国人认为苗条的女子更美，日本人认为娇小的人更美等。人们身上佩戴的饰品本身并没有什么意义，但是出现在不同的场合，就是一种媒介和象征。例如，戒指戴在食指上代表求婚，戴在中指上代表恋爱中，戴在无名指上代表已婚。这些作为一种约定俗成的代码，人们不可以弄错。一般来说，佩戴耳环是妇女在交际场合的一种习惯。当然，少数的青年人也会佩戴耳环，以彰显时尚。

第三节　跨文化交际与英语课程教学模块目标

听说读写译是重要的英语技能，如果不具备一定的语言技能，就难以用英语与他人进行正常的交际，英语的桥梁与纽带作用也就难以发挥出来。语言与文化具有十分密切的联系，并在很大程度上受到文化的影响。在跨文化交际过程中，如果交际者不了解听力和口语的相关知识，就可能影响交际的顺利进行。本节从跨文化交际理论对英语听力与口语教学展开分析。

（一）听力教学与文化能力培养

一般来说，英语听力教学可从以下四个方面入手，即听力知识、听力技能、听力理解和语感。听力知识的掌握是听力能力提升的根基，对英语听力教学和听力学习来说都十分重要。一般来说，听力知识是由以下几个方面构成的。听力理解首先需要输入听觉信息，因此了解语音知识对听力理解的进行起着根本性的作用。语音知识的教学也是听力教学的重中之重，直接影响学生后续听力水平的提高。听力语言材料中通常包含了广泛、丰富的文化信息。英语听力中包含着两种甚至多种文化，如果学生不了解一些文化常识，是无法顺利进行听力实践的。

在听力材料中通常也会涉及一些有关言谈交际的话题和材料。此外，交际中的会话含义是普遍存在的现象，对这些材料的理解通常需要借助于相应的语用知识来有效把握。听力策略知识对于听力任务的完成十分重要。具备了一定的听力策略，学生就可以根据实际情况进行听力方式的选择，从而增加听力活动进行的灵活度。听力属于较高层次的实际运用语言的能力，要想较好地改善学生费时低效的听力学习现状并提高听力教学效果，教师应充分重视听力技能的培养。在听力实践过程中，听者不可避免地会遇到一些陌生的词汇，此时如果听者一直思考生词词义，则有可能影响后续听力信息的接收。具备词义猜测能力是一个合格听者的必要条件，常用的词义猜测方式有根据上下文判断，借助整体语境、搜寻已有信息等。在听力理解的过程中，学生需要具备基本的辨音能力。例如，辨别音位、语调、重读音节等。大意理解能力主要是要求学生能够及时抓住交际者的意图等。选择注意力也是在听力教学中所应关注的教学内容。具体而言，选择注意力就是按照听力目标的不同，让学生将其注意力集中在不同的内容上。交际是交际者在一定的交际目的下进行的，因此言语不仅能够表达出一定的话语信息，还体现着说话人的交际信息。听者需要根据一定的推理判断，去揣摩说话人的意图，从而保证交际的顺利进行。评价能力能够影响听力活动的进行，指的是听者对所听内容的评价与表达能力。在进行听力活动时，能够体现出其交际性。大体而言，听力材料都是由交际性语言组成的，因此学生掌握交际信息甄别能力十分有必要。对细节的把控能力是进行听力理解的基础。听者只有具备对细节的把控能力才能以更加积极的心态去进行听力理解活动。预测能力指的是根据一定的语境信息以及已有知识，来预测下文语言话题的发展与转向，这在听力实践中也十分重要。在听力教学中，对学生预测能力的锻炼有助于学生提升其听力效率。听力活动带有口语活动的特点，因此进行时间短、不可重复，在一些正式场合，听者具备快速记笔记的能力能够完善对知识的掌握，同时也有助于对整体信息的理解。听力理解不仅包括语言的字面含义，还涉及语言背后的深层含义。在实际的听力教学中，教师不仅需要教授给学生具体的听力知识、技能和策略，还需要提高学生的听力理解能力。

在听力理解中，辨认是其前提，同时也是听力活动发展的基础。一般来说，辨认的内容主要涉及以下两个方面。

①语音辨认。语音辨认相对简单，只要学生掌握了一定的英语语音知识即可完成。例如，

The prefects will presently present the presents.

本句出现了多个 present 的变体，但只要具备一定的语音知识，这个句子的含义并不难理解。

②意图辨认。与语音辨认相比，意图辨认难度较大，不仅需要听者以语音辨认为前提，还需要积极发挥自己的交际能力和文化能力。进行辨认能力训练，教师可以采用乱序训练法，将一个完整的听力材料打乱顺序，要求学生进行重新排列，并指出每一部分所对应的辨认方面。听力理解中的转换指的是将所听材料中的内容转换为图表的能力。这种转换不仅需要听者辨别听力材料中的短句与句型，同时还需要分析已知信息并进行适当转换，这是对听者能力的考验，也是听力理

解的第三个层次。听力理解的第四个层次是重组与再现，这需要教师对学生的口、笔能力进行提高。

听力活动属于交际活动的范畴，在语言上有着礼貌、得体的特征。因此，在进行听力理解时需要听者仔细把握原文，对其社会含义进行准确理解。听力语言形式十分丰富，会涉及不同的话题，教师要训练学生根据不同语境进行描述的能力，同时在描述过程中还需要学生理解语言背后的深层内涵，从而促进听力活动的进行。对听力语言进行重组、评价、应用是听力理解的最后层次，也是难度最大的内容。听力理解带有目的性、交际性，需要听者明确交际意图，并进行语言回应与沟通。此外，为了提高学生的评价与应用能力，教师可以在教学中增加听力讨论与交际的练习。语言的感悟能力带有直接性，可以通过不断锻炼来提高。在听力活动中，即使缺乏一定的语境条件和必要信息，良好的语感也能够帮助听者进行语言行为的预测与判断，从而促进听力活动的进行。

教师应该给学生在每次进行听力练习之前明确目标，这样学生会在心理上有所准备，而且学生还可以根据不同的听力目标选择不同的听力技巧。单一的听力训练很容易造成课堂气氛的沉闷，使学生失去听的兴趣。因此，要想提高学生的英语听力水平就必须重视听力与其他三项技能之间的关系，把输入技能训练与输出技能训练有机地结合起来，以提高学生的综合英语水平。

具体来说，听力教学可以采取以听为主、听说结合、听读结合、听写结合和视听结合的方式对学生进行综合的听力训练。这样不仅可以丰富听力活动，还可以活跃课堂气氛，培养学生的自主参与和自主学习意识。多种方式结合的教学形式不仅为学生创造了真实的语言环境，还在一定程度上减轻了学生的心理负担。在听力教学中遵循分析与综合相结合的原则，就是要将分析性的听与综合性的听结合起来。

①分析性的听主要包含两层含义：在听的过程中进行语言分析；把听的材料进行分解，让学生分步听。简单来说，就是分析性的听比较注重听的细节，小到一些词语、词组、句子、句组，大到一些段落、文章，听的时候可以增加表演、动作、填图或者一些其他任务等。因此，学生在听的过程中要逐字逐句地分析，尤其是要记住文章中涉及的一些时间、地点、数字等。

②综合性的听是指对听力材料进行整体性的理解，主要适用于解决听力材料中的主旨大意以及对整体思想的分析问题。因此，综合听的时候教师如果想让学生保持听的积极性，可以先降低听力材料的难度，然后再逐步提升。分析性的听着重于细节，而综合性的听着重于深层含义，分析性的听是综合性的听的基础。

在听力训练中，由于大多数听力题会涉及文章大意以及细节，因此需要将二者有机结合起来。

（二）口语教学与文化能力培养

培养、提高学生的英语口语表达能力与交际技能是英语口语教学的宗旨，因此语音训练、词汇和语法、会话技巧，交际策略等是英语口语教学的主要内容。英语口语训练应以英语语音为前提，帮助学生掌握正确语音、语调是语音训练的首要目标，具体涉及意群、停顿，弱读、重读，连读、音节等。如果没有掌握规范的发音，不仅难以表达自己的观点，也会给听者带来理解障碍。在口语表达过程中，词汇与语法发挥着不可替代的作用。具体来说，如果没有必要的词汇储备，很多思想、观点就无法准确表达出来：如果没有基本的语法知识，句子内部的逻辑关系就容易出现混乱，交际也就难以顺利进行。所以，词汇与语法也是高校英语口语教学中不可或缺的内容。培养和提高学生的口语表达能力，能使他们对一些会话技巧进行熟练运用，从而使交际得以顺利进行，这是口语教学的根本目标。因此，会话技巧也是口语教学的重要组成部分。口语不能只看重发音和词汇积累，更要注重交际策略，即当某语言使用者在话语计划阶段由于自身语言方面的不足而无法表达其想要表达思想时所采取的策略。在交际过程中，为克服因语言能力不足而导致交际困难的问题，交际者使用语言或非语言手段的能力即为交际策略能力。交际策略也是口语教学的重要内容。

口语交际活动往往不可预测，因此交际过程中遇到尴尬局面是难免的，这就要求交际者具备一定的交际策略能力，以便在需要时借助交际策略来解决遇到的困难，促使交际顺利进行。策略能力包括两个方面：一是发生困难时使对方理解自己讲话内容的能力，这一能力被称为“补偿能力”；二是在发生理解困难时获取意义的能力，这一能力被称为“协商能力”。在英语口语教学过程中，教师应注意向学生介绍一些英语国家人们的交际策略，使学生了解英语语言规则和交际规则，提高英语口语交际能力，在交际过程中更好地让自己的讲话内容被对方所理解，并更好地理解对方的语言，提高和改善跨文化交际效果。

英语口语能力的培养呈现阶段性的发展特点。针对处于不同口语能力阶段的学生，口语教学目标也会有所不同。随着英语学习的深入，口语教学目标的难度和深度不断加大，教师在口语教学中应该根据学生的具体情况、教学计划的安排等设定口语的教学目标。尽管对不同层次的学生，口语教学目标有所不同，但有一个目标是不会变的——既要求准确，又要求流畅和得体。就口语教学目标而言，得体是最为重要的，而得体本身就包括准确。

在课堂上，口语交流是提高学生自身听力能力的重要途径。但是，在我国的英语教学中，英语课堂大多用汉语进行授课，即使在高校阶段，也很少有教师进行全英语授课，学生进行听力训练的机会明显不足。所以，教师在听力课堂中应依据由慢到快、由易到难、由简到繁的原则坚持用英语组织课堂教学、讲解课文，并鼓励学生大胆讲英语，引导学生在持续的练习中不断提高听力理解能力。一般来说，学生在进行语言学习的过程中通常需要与周围环境进行有效的互动。学生也只有在自然、舒适的环境下，才能同环境产生相应的互动，并获得真实的语言体验。近些年来，一部分英语教师抱怨说他们已经竭尽全力去鼓励学生参与课堂了，但是学生的听力学习兴趣依然很难被充分调动。事实上，良好的课堂氛围是需要教师和学生双方来共同营建的。而只有在舒适、自然的课堂氛围中，才能更好地创建一种与学生所学母语接近的自然的语言习得环境。

为更好地实现让学生对英语进行熟练、准确应用的目标，英语口语教学应坚持相应的教学原则：

①鼓励性原则。一般来说，学生的口语表达不仅受语言因素的影响，还经常受到一些非语言因素的影响，如心理因素、文化因素、生理因素、情感因素，角色关系因素等，使很多学生在口语练习中不愿意开口。因此，为使学生更加积极地参与到口语练习中，教师应为学生设计一些有意义的活动，并营造出一个较为安全的学习环境。在 Nunan 看来，鼓励学生并使他们大胆说英语是口语教学中一项很重要的原则，因此教师应为学生创设更多有意义的语境。在这样的语境下，学生不会担心受到嘲笑，于是便能更好地进行口语练习。针对一些口语基础较差的学生，教师可考虑采取“脚架式”教学等方法，使教学策略与学生的状况相一致。

②生活化原则。教师在为学生设计口语任务时，应遵循生活化原则，使其尽量与学生的日常生活、学习相贴近，以此来更好地调动学生的积极性，使他们对话题不陌生、有兴趣，进而乐于开口、勇于开口。应努力提高话题、主题的趣味性；对学生的愿望与实际需求进行深度挖掘；将教学内容与学生感兴趣的话题有机结合在一起。

③互动性原则。机械练习在口语教学中极易使学生感到枯燥乏味，打击学生的兴趣与信心。因此，口语教学还应坚持互动性原则，使口语训练充满互动性，使学生能够在互动练习中不断提高口语表达技能。根据互动性原则的要求，教师为学生设计的话题应能够使学生展开互动性的练习活动。换句话说，“动”是互

动性原则的核心。如果教师采取传统的口语教学模式，在课堂上仍以“提问－回答”为主要方法，则学生对口语表达的参与是被动的，这会影响学生口语能力的提升。因此，教师可采取多种方法，如角色扮演、对话练习，小组讨论等，使学生之间进行有效的互动练习，从而打破呆板的课堂气氛，为学生营造一种愉快、轻松的学习环境，使他们思维始终处于活跃状态，进而全面提高他们的口语表达能力。

④口语能力的提升常常需要一个日积月累的过程，因此口语教学应层层深入、由易到难、循序渐进地展开。例如，我国高校的学生通常来自全国各地，很多学生的英语口语表达都会或多或少受到方言的影响。面对这样的情况，教师应分析学生的语音特点与发音困难，进而为学生纠正发音提出建议与指导，使学生按照由易到难的顺序，从语音、语调、句子，语段等层面逐渐提高，主动、积极地说出发音规范的英语。需要注意的是，教学目标的设计要科学合理，过高的目标会给学生带来过多的心理压力，过低的目标难以调动学生的积极性与兴趣，因此教学目标既不能过高也不能过低。

⑤听与说是一个问题的两个方面，二者之间存在相辅相成的关系。具体来说，说以听为前提。在具体的口语交际过程中，只有先听懂对方的话语，才能据此进行回应，使交际顺利进行下去。在口语教学过程中，学生通常先通过听来进行词汇量与语言信息的积累。当这种积累达到一定程度之后，学生的表达欲望也逐渐被调动起来，他们就会尝试着进行口语表达，进而实现真正意义上的口语交际。如果没有听的积累，就不会有说的能力。可见，在口语教学中应坚持先听后说原则，从而使学生在听的基础上积累，通过听来不断提升说的技能。

⑥根据内外兼顾的原则，口语教学应在注重课堂教学活动的同时，对课外活动给予充分重视。这是因为口语教学应以课堂教学为主，但课外活动是课堂教学的延伸与补充，二者之间是相互配合、相互促进的关系。以课堂教学为基础来组织相应的课外活动既可带领学生对课堂知识进行及时的复习与巩固，还可使他们充分利用课外活动的机会来对知识加以运用，加快从知识到技能的转化过程。

同时，课外活动没有课堂环境中的正式气氛，学生能以一种轻松、愉悦的心情来参加口语练习，教师也能更加及时地对学生进行指导，有助于学生在不同场合下进行流利、正确、恰当的口语表达。在完成课后作业的过程中，教师可对学生进行分组，使他们以组为单位来完成任务，相互之间可围绕任务进行讨论，这样既有利于不断提高学生的口语能力，还能培养他们的沟通能力、理解能力以及团队合作能力。

听说是口语交际场景中的信息输入和输出端，听说的循环过程就形成了信息的发出和接收。交际中中西文化差异对英语听力教学有着重要的影响，因为交际依靠语言功能，即运用听、说、读、写四种技能完成，交际双方需要特定的语境，选择与所处语境相适应的话语内容；交际者之间根据双方的身份、地位，社会距离等因素，采用表达合乎自己身份的话语；依靠双方共享的文化认知，通过语言完成实践交际。

在英语听力教学中，教师为学生补充相关的文化背景知识对于深化学生对听力材料的理解大有裨益。这是因为学生在很多情况下难以理解听力材料的内容并不是由于词汇基础薄弱或者欠缺基本的语法知识，而是由于对文化背景不理解。例如，

She is a cat.

她是一个包藏祸心的女人。

中国文化中的“猫”是一种带有褒义色彩的词语，但西方国家常用“猫”来比喻“包藏祸心的女人”。如果按照字面含义将听力材料中的这个句子理解为“她是一个像猫咪一般温顺的女人”，那就大错特错了。

就目前的情况来看，很多中国学生在与外国人进行交流时仍然听不懂。出现这种现象的原因是多方面的，其中一个重要的方面就是文化差异。例如，很多听力材料都会涉及中西方的节日，但中西方节日在寓意、习俗方面存在诸多不同，这就需要学生既要具备较强的听音、辨音能力以及理解能力，又要了解各个节日在不同国家的传统习惯。由于学生事先不了解有关的文化背景知识，因而在听力过程中会对一些相关词语的理解出现偏差。学习者交际能力的提高不仅依赖于其自身所掌握的语言知识，而且还依赖于其对所学语言国家文化背景的了解。跨文化交际是英语教学的最终目的，自然也是英语口语教学的目的。在英语口语教学中体现交际性，需要教师在传授语言结构知识的同时还要引导学习者将所学知识运用到一定的交际情景中。中西方由于文化方面的诸多不同而对口语教学产生着一定的影响。

学生学习口语的目的就在于与外国人顺利地沟通与交流，我国学生往往由于不了解西方国家的文化而常常导致双方交际出现障碍，说明了在口语教学中了解中西方文化差异的必要性。例如，以中西方人都熟悉的动物“龙”为例，其在中西方文化中具有不同的文化内涵。龙文化内涵随着历史时期的不同而有所变化。在我国的传统文化中，龙是中华民族的象征，享有极高的地位。龙的文化内涵象征着皇帝和至高无上的皇权。龙的力量强大，古代封建帝王为了维护和巩固自己

的统治地位，便借助龙来树立自己的权威，龙便成了皇帝和皇权的象征。因此，很多与帝王有关的事物都被冠以“龙”字，如“龙体”“龙颜”“龙袍”“龙椅”“龙床”等。龙反映了中国古人对自然的敬畏。在我国的古代传说中，龙是根据蛇创造的身长，有角、有鳞、有脚、张血盆大口、能飞、能走、凶猛无比的神异动物。它可以兴云降雨，当人们在自然面前无能为力时，便对龙产生了自然崇拜。实际上，龙是一种图腾崇拜和自然崇拜相结合的产物。龙象征着权威、力量、才华、吉祥。这一象征意义是从上述意义延伸而来的，反映了人们的美好愿望。例如，中国人常将自己喻为“龙的传人”“龙子龙孙”。此外，汉语中关于龙的吉祥话也有很多，如“望子成龙”“龙吟虎啸”“龙凤呈祥”“卧虎藏龙”“乘龙快婿”等。

英语中的 dragon 往往具有负面的文化内涵。此外，dragon 也并非英语词汇中的主流词语。在西方的神话中，dragon 是一只长着翅膀、身上有鳞、拖着长尾、口中喷火的大蜥蜴。在现代英语中，dragon 也常用来代指凶悍之人。在基督教的艺术作品中，龙常被殉教者或者圣徒踩在脚下，以表示基督徒战胜了异教徒。由此可见，在口语学习中如果没有很好地掌握西方所特有的文化背景知识，那么在实际运用过程中学生往往会出现英语语言运用的错误。

在训练听说技能的过程中，多媒体是当前十分普及的一种教学设备，在使用过程中学生可以真实地看到画面、听到地道的语言，可谓是视觉与听觉的完美结合。多媒体教学法为学生创设了真实的外语学习环境。英语听力教学中教师可以利用多媒体教学法来导入文化知识内容。近年来，慕课教学作为一种在线教学与学习方式，逐渐得到越来越广泛的应用。所谓慕课即大型开放式网络课程(MOOC)，它并不是网络资源的简单堆砌，而是以主题的方式对教学资源进行的科学呈现，给跨文化和语言课程提供了开放共享的数字化平台。

慕课视频教学由国外的交流者或者专业的英语教师进行英语听力对话训练，教师对此提出问题，并给学生们留出思考时间，这就可以有效增强学生对听力仿真训练模式的直观感受，并在由提问者与回答者构成的模拟现实情景中完成对话练习，提升听力学习效果。慕课教学背景使海量资源能够以共享方式提供给学生，学生们只需登录就可以进行听力学习。需要特别说明的是，慕课平台的资源具有多元化、及时性的特点，学生在提高听力能力的同时，还可开阔眼界、丰富知识．拓展思维。为适应学生的不同听力练习需求，慕课教学将听力学习区分为多个板块，如询问咨询听力学习板块、基本家常用语板块，专业英语学习板块等。为满足不同专业学生的需求，专业英语学习板块还可进一步区分为企业管理英语听力板块、计算机专业英语听力训练板块、医学英语听力板块、旅游专业英语听力训练板块等，这样可以大幅提升听力训练的针对性与实效性。

学生在听力练习过程中所遇到的问题有时候并不是学生没有听懂单词或句子所导致的，而是他们对听力材料中的一些文化背景知识缺乏了解。在教学过程中，教师需要为学生讲解这方面的内容，深化学生对听力材料的理解。例如，

Her sister has been given a gold wristwatch and she is green with envy.

人家送给她姐姐一块金表，她心中十分妒忌。

汉语表示嫉妒常用“红眼”“红眼病”等说法，而英语表达类似的含义时常使用 green-eyed（嫉妒的）、green with envy（十分嫉妒）。

l don’t want to go out with that blue-stocking. She is only interested in books.

我不愿意和那个女学究一起出去，她只对书本感兴趣。

本例中“blue-stocking”的字面含义是“蓝袜子”，实际意义则与袜子无关，而是指“女学究”。18 世纪中叶，英国伦敦上流社会的妇女喜欢组织各种沙龙，聚在一起吃喝玩乐、谈天说地。1750 年，贵族伊丽莎白 · 蒙塔古（Elizabeth Montagu）夫人一反当时的风气，在她的宅第设立了一个以书刊与文化讨论为主的沙龙，她邀请植物学家及翻译家本杰明 · 斯蒂林弗利特（Benjamin Stilling fleet）参加他们的讨论，本杰明原本谢绝了她的邀请，因为出席沙龙男士需穿礼服，当时在正规场合大家都穿黑色长袜，而贫寒的本杰明没有适合这样场合的穿着衣服。后来伊丽莎白 · 蒙塔古夫人告诉他，他可以穿着普通衣服前往。于是本杰明 · 斯蒂林弗利特穿着一双家常毛绒蓝色袜子成为当天女士们文学之夜的客人。有人给他起了个绰号 Blue-stocking，后来他们将那个沙龙称为 Blue Stocking Society（蓝袜社）。后来在英语中 Blue-stocking 被用来隐喻那些性情内向、埋头书卷的书呆子。不难看出，文化差异是制约听力理解的重要因素之一。长期以来，英语听力教学中的文化内容学习一直未得到充分的重视，这一方面严重忽视了语言的社会文化意义，另一方面还导致了听力理解中的困难。因此，要想提升英语听力教学的效果，就有必要进行相关文化背景知识的讲解。

人们把学习第二语言的文化知识与本土文化知识进行对比，让学生在对比的过程中深入了解第二语言国家所具有的文化习俗与生活方式。如果本土语言文化知识与第二语言的文化知识大致相同，那么就可以产生正迁移作用，加快学生学习第二语言和文化的步伐；如果两种文化具有很多不同点，存在多方面的差异，那么学生在对比过程中就会产生鲜明的印象，从而避免负迁移作用的影响。不过，

教师在运用文化对比法时需要注意以下几点：①对比的内容不能只是一种表面形式，需要深入挖掘内部的含义。②不仅需要对语言知识展开对比，还需要对非语言知识展开对比。③在使用对比法时教师处于引导者地位，要正确处理两种语言文化之间的关系，特别要注意避免学生产生文化偏见的心理。文化对比法能够帮助学生克服语言学习过程中所产生的心理障碍，培养他们的文化素养。教师应该端正自己对某一种文化的态度，以客观、宽容的态度来对待异域文化，不能产生排斥外来文化的民族主义心理。另外，教师还需要对国外文化去粗取精、去伪存真，避免让学生在不做任何分析的状况下就全盘接受国外文化。

语言和文化是相互影响的。语言是文化的载体，反映着文化生活，同时也是文化的重要组成部分。每一种语言都有与之对应的文化，但由于不同民族的历史文化、社会背景、观念信仰、思维方式等有很大差异，因此来自不同文化背景的人们交际时对同一事物往往产生不同的反应和认识，从而产生了社会文化差异。因此，在英语口语教学中教师应加强文化因素的导入，避免交际中的文化冲突。文化对语言的影响和制约主要体现在词语的意义和话语的组织方面。在口语教学中，教师应注意向学生导入英语词汇文化和话语文化。①词汇文化导入的内容包括：字面意义相同的词语在文化上的不同含义，词语、习语在文化含义上的不等，以及民族文化中特有的事物与概念在词义上的体现。②话语文化导入的内容包括：话题的选择、语码的选择、话语的组织。文化的导入能够使学生加深对英汉文化差异的认识，从而避免跨文化交际中可能出现的误解，保证了跨文化交际的顺利进行。

外国语言类教材中往往涉及外语语言文化，教师可根据教材内容向学生导入相关的文化背景知识，一方面扩大了学生的文化视野，另一方面也有助于学生对教材内容的理解和掌握，这种导入方式最自然也最直接。例如，在一堂关于餐饮的口语课上，教师可以向学生介绍西方的饮食菜肴、餐饮礼仪等，并拓展与之相关的词汇及常用语。

英汉两种语言文化存在着极大的差异性，口语教学中若能让学生通过对比分析自己发现其中的差别，将对学生的学习具有极大的促进作用。例如，教师可以提前给学生布置任务，让学生在课前查阅相关资料，然后让学生在课堂上轮流讲解，结束后教师可给予适当补充，这种方法有助于培养学生的自主学习能力，激发学生学习的积极性。第二语言的学习通常受到母语的极大干扰，真实语言环境的缺乏使学生难以感受、理解目的语文化。但多媒体的运用可以弥补这一缺陷，多媒体可以真实地再现情境，为学生创造身临其境的感觉。有些多媒体还可以为学生创造互动式交流的机会，学生在互动中拓展了知识、增长了见闻，有助于口语能力的提高。

学习口语的目的在于更好地交际。交际教学法正是以此为导向，重点培养学生的交际能力。交际法的核心思想是把教学过程看成交际的过程，更注重语言的功能，认为教学内容应以语言功能为主，强调让学生在真实情境中进行交际活动，从而提升表达能力。交际教学法要求教师为学生创造大量真实、轻松的交际情境，学生在此情境下和教师、同学互动，输出更加真实，轻松、自由的语言。课堂模拟设计活动要求教师为学生创设一个真实清楚的情境，学生在此情境下自然而然地输出语言。呈现活动是交际教学法中最简单的一种活动。呈现时需要注意，语言项目呈现的方式要随时间、地点、情境、内容的变化而变化，这样才能保证呈现的真实度，使学生如同身临其境，促进语言输出。呈现方式灵活多样，图片、挂图、投影仪、多媒体等，只要真实有效，能够促进学生语言输出皆可。

口语学习的最终目的是使用，即应付实际生活中可能遇到的交际活动。因此，口语教学活动只有更加贴近真实的交际情境才能实现教学的根本目的。这就要求教师在英语口语教学中要创设各种真实自然的情境，变抽象的语言教学为情境化形象化、具体化的教学，营造出轻松愉快的课堂氛围，激发学生表达的欲望。实践证明，创设情境不仅有利于提高学生口头表达的欲望，还有助于提高学生口语学习的效率。在口语教学中，教师可随时保持和学生之间的交流，学生可以边交流、边发现自己在表达时的困难、错误。口语能力较差的学生可以通过教师的指导发现和解决问题，口语能力较强的学生则可通过自己的努力解决问题。交流的时间没有限制，可以是课前、课中，课后的任何时候。通过这一活动，学生能够有意识地主动思考、探索，从而改变被动接受语言知识的情况，真正成为英语口语学习的积极参与者。

（三）英语阅读与文化认知

经济的全球化促使不同文化背景下的人们进行着频繁的交流，进而逐步实现文化的多元化。英语阅读和写作属于跨文化交际的一种非常重要的形式，基于跨文化交际理论对高校英语阅读和写作教学进行探讨有很强的实践意义。同时，培养高校生的跨文化意识和能力不仅是时代的迫切需要，而且也能很好地顺应经济发展对人才素质的要求。并且，从跨文化视角来探讨高校英语阅读和写作教学也是当前英语教学的重要任务之一。培养、提高学生的各种阅读技能是英语阅读教学的主要内容，具体涉及以下一些技能。英语阅读教学是指导学生阅读英文文章的活动，其主要目的是丰富学生的阅读知识，提高学生的阅读能力。《大学英语课程教学要求》针对高校英语阅读教学的目标给出了具体的要求。阅读这一认知过程本身具有复杂性的特点，跨文化视角下高校英语的阅读教学更是一个复杂过程。英语阅读教学的开展应遵循相应的教学原则。

很多人认为阅读能力是非常容易培养的，其实不然，阅读能力是一项非常复杂的技能。阅读能力的提高需要学生培养自己的词汇量、语法知识、句法知识、文化知识等，因此不是一蹴而就的。这就要求在高校英语阅读教学中，教师应坚持循序渐进的原则。坚持循序渐进的原则，教师首先需要进行一个合理并且长远的规划。在阅读教材的选择、方法的确定、内容的明确、结果的反馈等层面都要进行规划，一步步、一层层展开，帮助学生不断培养自身的阅读技巧，提升自身的阅读水平。

学生的个性存在着明显的差异，在英语阅读教学中教师应该从学生的个体差异性出发，制订符合不同学生的教学内容和计划，以满足不同学生的需求，使得每一位学生的阅读水平都能得到长足的发展。也就是说，对于阅读水平和阅读理解能力较低的学生，教师应该给予一些相对简单的阅读材料，等学生在提升了一定水平之后逐渐增加难度，这样有助于帮助学生提升学习阅读的兴趣和积极性。对于阅读水平和阅读理解能力较高的学生，教师应该布置一些难度较高的阅读材料，使他们觉得富有挑战性，从而满足这些层次学生的需要。总体来说，教师应该对不同学生的基本情况与个性有基本的了解和把握，在阅读教学中选择恰当的内容和手段开展教学，做到因材施教。

阅读教学要遵循真实性原则。概括来说，阅读教学的真实性包括以下两方面的含义。①阅读材料的真实性。阅读材料的真实性是指教师所选择的阅读材料最好是和学生的日常生活相关的，最好是学生喜闻乐见的材料。另外，材料所使用的语言应符合学生的语言水平。不同的阅读材料既可以用来专门训练学生的某一项或某几项阅读技能，也可以用来训练学生的综合阅读技能。②阅读目的的真实性。阅读目的的真实性是指教师应根据教学目的设计阅读教学活动，选择合适的教学方法，设计有针对性的练习。人们阅读可能是为了获取信息或者验证自己已有的知识，可能是为了批评作者的思想或者写作的风格，也可能单纯为了消遣。不同的阅读目的就需要不同的阅读教学方法和练习设计。不同的阅读材料可以用来专门训练学生的某一项或几项阅读技能，也可以用来训练学生的综合阅读能力。

教师必须通过差异化的教学方法和练习帮助学生完成各自的阅读目标。真实性原则要求教师应根据实际情况，通过差异化的教学方法和练习，帮助学生完成各自的阅读目标，从而提升教学效果。由于思维方式和文化背景的差异，英汉语言有显著的差异，这就对阅读教学造成了影响。

无论什么语言系统，词汇是英语的基本构成元素，也是承载文化信息的基础载体，在语言体系中是重要的支柱。英语教学必须以词汇教学为基础，词汇中蕴含着丰富的文化意蕴，鲜明地展示了中西不同文化之间的差异。英语阅读的教学必须建立在对词汇文化内涵的深刻理解和解读上。理解词汇文化内涵也决定了英语教学是否能顺利地、高效地进行。因此，英语阅读教学必须重视词汇教学，教师要注意向学生传授丰富的词汇知识，了解相同词汇在不同文化中的内涵，逐渐培养学生的文化意识，切实提高学生的英语阅读理解能力，同时培养学生的文化素养。

作为文化的一部分，习语在英语中的大量存在给学生学习英语造成了很大障碍。例如，

She can talk the hind leg off the a donkey.

句中的 talk 本是不及物动词，后面不能直接衔接宾语，这不符合所学的语言规则，但是熟悉习语的人就知道，这句话的意思是说“她一直不停地说了很多以至于驴子的后腿都掉下来了”，所以这句话可以翻译成“只要她一开口就能滔滔不绝。”

She taught me a particular brand of nonsense, pull your socks up. Britishness which I’m sure still carries me through many a sticky path.

句子里面 pull your socks up 是一句习语，此处的意思是“力图把工作做得更好，好好干活”。类似的例子在阅读过程中经常会遇到，如果不了解英语习语的文化含义，就很难理解整个句子甚至语篇的含义。因此，在英语阅读教学中，教师应有意识地向学生介绍一些课文中涉及的或常见的英语习语，以丰富学生的文化知识储备，提高学生的英语阅读能力。

由于受思维模式的影响，英汉语篇也表现出较大差异。英语的语篇特征方面更偏向演绎型，往往在文章开头作者就会表达出自己的观点，然后通过事实和鲜活的例子验证自己的观点。而汉语则不同，作者往往先陈述事实、理由，然后逐步归纳自己的观点，因此更偏向于归纳型语篇，并且作者的主要观点和文章主题思想的位置不那么有规律。正是这种篇章结构使学生在阅读时不得不按部就班地读下去，不能省读、不能跳读，而且还要边读边体会，往往要读到最后才能得出

文章的中心思想。这就使学生养成了精读、细读的阅读习惯，而在阅读英语文章时不善于运用跳读、略读等技巧，从而影响了阅读理解的速度和效率。在英语阅读教学中，教师先要让学生认识到英汉思维的差异，并体会这种差异对语篇结构的影响，从而引导学生依据英语文章的篇章结构采用相应的阅读方法。

在跨文化交际理论下，教师需要采用多种方法来丰富学生的文化知识，培养学生的文化意识，提高学生的阅读能力。具体来讲，教师可采用以下方法：

文化导入法就是直接在英语阅读教学中向学生传授文化知识的一种方法，该方法有助于增强学生的文化差异意识。阅读中文化导入要注意关联性。关联性原则是指在阅读教学中，教师应该重视对与阅读材料有密切联系的文化知识的介绍，例如，材料主题的相关知识、作者的背景经历、写作背景等。这些文化知识对学生理解语篇有很大的帮助，能够让学生快速掌握材料的主题和主旨。

导入文化背景知识的目的是帮助学生更好地理解和欣赏材料，不能让文化背景知识成为主角，干扰材料的教学。因此，教师在选择和介绍文化背景知识时，要遵循相关性、基础性和必要性的原则，即所选的文化背景知识要与材料有密切的联系，要有利于学生建立基本的文化认知，要能够解决学生在阅读或听力中遇到的文化障碍。这样才能有效地实现文化背景知识对材料教学的支持和促进作用。

首先，英语阅读教学中导入文化知识也要重视其多样化。导入的多样化原则可以从以下两方面理解。教师在选择阅读材料时，应注意内容的多样性，以适应学生的不同兴趣和需求。内容的多样性不仅体现在文章的题材上，还体现在文章的体裁上。教师应让学生接触不同题材的文章，让他们了解各种文化知识，激发他们的阅读兴趣；同时让学生阅读不同体裁的文章，让他们掌握不同行文方式的特点，从而提高他们的阅读能力。阅读材料的选择不能仅仅局限于某种题材，而应当结合学生的兴趣与学习需求进行改变，以丰富学生的阅读经验。其次，为了让学生有效掌握导入的文化知识，教师应该采用多种导入形式，根据教学内容和学生的水平，灵活运用比较法、融入法等教学策略，引导学生了解不同的文化现象和文化知识。最后，教师还应该利用现代化的教学手段生动地展示真实的文化现象，帮助学生有效掌握语言知识、拓展学习视角。

兴趣是学生学习的主要动力，它能激发学生的主动性和热情，使学生全身心地投入学习中。教师应该根据学生学习的特点和需求，采用合适的教学策略，培养学生的阅读兴趣，让学生在阅读中获取文化知识，提高阅读水平。例如，教师可以在阅读教学中根据阅读主题介绍和分析英汉文化差异，增加学生的阅读趣味、加强学生对文化差异的理解与认知，从而有效地调动和培养学生的阅读学习兴趣。教师在通过文化差异讲解来导入文化知识、提高阅读趣味的过程中要注意知识的拓展和发散，从课本知识中进行延伸，让学生掌握更多与阅读主题相关的文化知识，丰富阅读学习的内容，激发学生的阅读学习兴趣，让学生能够在阅读学习中保持愉悦的心情，主动、积极地开展学习活动。

英语阅读学习最主要的障碍是文化知识的缺乏。有些学生虽然掌握了一定数量的词汇，也具备了一定程度的阅读技巧和阅读能力，但是在面对一些涉及文化背景的阅读材料时，仍然感到困惑和无力。这是因为他们没有认识到文化知识对于理解英语文章的重要性，更没有充足的文化知识。教师在教学过程中应该注重培养学生的文化意识，帮助他们养成重视文化知识学习的意识和习惯。

教师不仅要在课堂上向学生传播文化知识，还要推荐一些经典的英美文学作品让学生课下阅读。这类课下阅读不仅能让学生加深对西方文化的理解，还能让学生接触更多的语法机构和语言实用知识，从而提高学生的英语实际应用能力。此外，阅读经典英美文学作品能够帮助学生培养语感，并把在作品中学习到的语法知识和表达技巧应用在写作中，提高语言的应用技巧。总之，英美文学作品阅读不仅能够激发学生的阅读兴趣，还可以以文化陶冶学生的情操，让学生了解不同文化语言的风格，为今后的写作积累知识。

教师除了要丰富学生的文化知识、培养学生的文化意识，还要传授学生一些切实可用的阅读策略，这是学生进行阅读、克服英汉语篇差异的基础。预测是阅读过程中的重要环节，在阅读中发挥着重要作用。在阅读之前可以根据课文的题目和一些关键词展开想象、预测情节，这样不仅能够锻炼学生运用已有的知识进行自主学习的能力，而且还培养了学生的逻辑推理能力。每篇文章都会有题目，恰当合理的题目通常会包含文章的中心思想。例如，在学习一篇题为 Earthquake 的课文时，学生看到这个题目时就会想象这篇文章的主要内容，并由此联想到中外闻名的大地震，以及地震的起因和结果。这样的预测也会激发学生进一步阅读的兴趣，促使学生在进一步的阅读中亲自去印证猜测的结果。不论猜测正确与否，最终都会有助于课文的理解。

阅读要掌握一定的技巧。略读指的是快速地浏览全文，迅速掌握文章的主旨和观点的阅读策略。读是一种有选择性地阅读，阅读者不必理解文章中的每个词语、每个句子，只需要掌握段落和文章的中心句子，把握叙述的重点即可，而例证和细节则可以忽略。具体来讲，略读要留意以下几点内容：文章的首尾段以及段落中的段首和段尾；文章的题目、小标题，黑字体、斜字体以及画线部分；文章中的关键词语；文章中的关联词语。跳读是一种快速阅读方法，它可以帮助读者快速找到所需的信息，而不必将文章全部阅读完。当阅读的时间有限，无法进行整体阅读，而又需要寻找关键信息判断题目的正确答案时，学生就需要用到跳读。跳读的关键在于带着问题到文章中寻找答案，从而定位到详细而准确的信息。主题句是文章表达的核心，高度概括了作者的思路和文章的主旨。理解文章的关键在于寻找主题句并进行解读。

在教学过程中，教师首先要让学生明确主题句的常见位置，以及主题句位置不同所产生的差异，然后通过详细的例子分析帮助学生掌握寻找主题句的方法和技巧。主题句的位置并不固定，主题句可以位于段首，一般作者在写文章时常会先引出一个话题，然后针对这一话题进行详细阐述。主题句位于段首不仅能使人一目了然，而且也易于把握；主题句也可位于段尾。除上述情况之外，主题句还时常出现在段尾，但是此时的主题句多是对上文的总结，或是对上文描述提出的建议。主题句同时位于段首和段尾的情况也十分常见，此时段尾的主题句不仅是对段首主题句的重复，还是对段首主题句的延伸和呼应。一般情况下，段首主题句和段尾主题句在用词和结构上存在一定的差异。

文章中的信息有时不是直接表达的，需要学生运用推理判断的能力来获取。推理判断是指学生在全面理解文章的基础上，根据文章中与问题相关的关键信息来分析文章的内容，并最终得出正确的答案。推理判断分为直接推理判断和间接推理判断两种。直接推理判断要求学生不仅要理解原文的表层意思，还要依据所提供的信息合理推断文章的结论。通常直接推理判断中常含 infer，imply，suggest，conclude 等词。间接推理判断是一种较为复杂、含蓄的推理方式。它要求学生挖掘文章的深层内涵去推测和揣摩作者的态度以及文章的主题等。

阅读是重要的信息输入途径，教师给学生讲授文化知识和传授阅读策略能有效丰富学生的知识，增强学生的阅读自信，提高学生的阅读水平。

（四）英语写作和文化能力培养

文化素养对于英语写作是十分重要的，因此必须将文化教学与语言教学结合在一起，即两者同步进行，并遵循对比、适用、适度、适量，由易到难等，逐步渗透等原则在高校英语写作教学中导入文化知识，以丰富学生的文化知识，巩固学生的语言知识，增强学生的积极性，使学生在语言、文化两方面都受益。但是要注意，文化导入是对英语写作教学的补充和延伸，不是写作教学的全部，英语写作教学的真正内核仍是语言，文化导入是为语言教学服务的。

在英语写作教学中，教师要遵循以学生为主体的原则，即明确学生的主体地位，尊重学生的主体性，围绕学生展开教学。而只有激发了学生的兴趣，提高了学生的主动性，才能使学生成为学习的主体。使学生成为学习主体的方式有很多种，其中小组讨论就是提高学生主动性的一种有效方式。另外，教师是否组织、如何组织学生进行小组讨论，以及如何对学生的作文做出反馈是过程教学法能否成功的关键。总体而言，就是要学生参与其中，发挥学习的自主性，使学生在积极的参与过程中提高写作能力。

英语写作教学的目的不是让学生为了写作而写作，更不是让学生应付考试，而是让学生能够运用写作进行交际。对此，英语写作教学就应遵循真实性原则，即联系学生的实际生活，让学生在写作过程中有话想说，而且言之有物、言之有理。如果写作缺乏真实性，将不能激发学生的写作兴趣，对此教师可将写作与学生的实际需求联系在一起，这样不仅能激发学生的积极性，也能令学生感受到写作的实用性。例如，教师可让学生用英文写求职信、个人简历等，这些实用性文体的写作可将写作与学生的现实生活联系在一起，激发学生写作的积极性，提高学生的学习效率。

写作的主要目的是交际，交际性原则也是英文写作教学中必须重视的原则。在交际性原则的指导下，写作教学必须以学生的实际需求为出发点，致力于提升学生的英语交际能力；学生写作能力的获得必须在交际活动中实现，并且保证学生能够保持对写作学习的兴趣和热情；写作前的准备活动和写作完成后的修改和评价活动要尽可能以交际活动的形式展开，即通过小组或自由合作的形式进行，以增加学生在写作过程中的交流，通过小组讨论等交流活动获取大量素材，从而为文章增添内容，锻炼学生的思维。在英语写作教学中遵循交际性原则可有效提高学生的交际能力。文化因素对英语写作教学有着重要的影响，具体体现在以下几个方面：

（1）词汇

文章是由一个个的词汇构成的，词汇是通过人们对客观事物的认识而逐渐形成的概念，在不同的文化背景中，人们对同一事物可能会有不同的联想。在我国，很多学生常常孤立地背诵课文后面的词汇表，以此来扩大词汇量，通过这种方式，学生记住的仅仅是词汇的基础含义，而不了解其在具体语境中的不同内涵，从而造成写作中错误用词的问题。例如，

l was deeply grieved to hear that your mother kicked the bucket.

上述句子中的kicked the bucket确有“死亡”的含义，但它并不适用于正

式场合，因为它属于俗语，与汉语中的“一命呜呼”相类似，具有贬义性质。所以，在这里用 kicked the bucket 进行表达并不妥当，而应适用 pass away 来表达。词汇是英语写作的基础，因此掌握英汉词汇差异、了解词汇的深层文化内涵、有效地选择和使用词汇，是改变中式英语、提升写作水平的关键。教师教学要有意识地丰富学生的词汇文化知识，加深学生对英汉词汇差异的认识，进而提高学生的英语写作能力。

（2）句法

因思维文化差异造成的英汉句法差异对学生的英语写作有着重要的影响。英语有着明显的形合语言的特征，时态、人称、数量和语态的变化十分明显，句子的核心结构是主谓宾结构，然后根据表达的需要加入短语或者句子的修饰和扩展。英语中不同类型的连接词、从句和修饰语十分多，结构表现也十分复杂。此外，英语的句子结构十分重视美感的体现，这一点在长句中十分明显，英语中常常使用长句子表达逻辑性较强的叙述，这也从侧面体现出了英语文化对理性的崇尚。而汉语属于意合语言，句与句之间很少使用连接词，连接主要靠意义来完成。这种句法差异就给学生的写作带来了一定的困难。在英语写作教学中，教师应引导学生注意英汉句法差异，并向学生介绍这方面的知识，促使学生思维模式的转变，使学生养成用英语思维思考和写作的习惯，以提高学生的写作效率，使学生写出地道的英语文章。

（3）语篇结构

因思维文化的差异，英汉语篇的结构也存在较大不同。英语是结构严密型的语言，注重句与句、段与段之间的连贯与衔接，而汉语是结构松散型语言，句与句、段与段之间靠意义来衔接，结构严谨性要稍逊于英语。因此，很多学生进行英语写作时常出现信息表达跳跃、逻辑关系不严谨、语篇缺乏连贯性等问题。例如，

But everything has two sides. Indeed science and technology have brought us a lot of benefits. While we are enjoying them, we are suffering from a lot of troubles, water pollution, noise and green-house effect. Cars pollute the air, crowd the cities. They are responsible for heart diseases because we don’t have to walk anywhere any more.

可修改如下：

Everything, however, has two sides. While we are enjoying the remarkable wonders which science and technology have brought us, we are suffering at the same time from a lot of troubles, such as water pollution, noise and green-house effect. Let's take the car for example. Cars not only pollute the air, but also crowd the cities. Moreover, they are responsible for heart diseases because we don't have to walk anywhere any more.

可以看出，修改之后句与句之间的衔接更加紧密，而且语言也十分通顺，可见语义的连贯与衔接对写作的重要性。通过上述内容可以看出，文化对于语言的影响，以及这种影响在英语写作中发挥的作用，对此教师在教学过程中应有意识地向学生分析英汉在词汇、句法和语篇方面的差异，并使学生了解这些差异与英语写作的影响，进而培养学生的文化意识和英语思维模式。

在具体的写作教学中，教师可采用以下几种方法来培养学生的文化意识，提高学生的写作能力。在英语写作教学中导入文化知识是培养学生文化意识最直接、最有效的一种方法，具体可通过以下方式导入文化知识。

①加强语言教学与文化教学的融合，在具体的英语写作教学中，教师应加强语言教学与文化教学的融合，使语言教学与文化教学同步进行，以丰富学生的语言与文化知识，提高学生的文化意识。教师除了向学生介绍语言本身的文化内涵外，还要适时地介绍一些西方的风土民情、生活方式、思维模式、价值观念、宗教信仰等文化背景知识，以培养学生的文化交际意识。

②培养学生的英语思维模式。本族语学生在使用英语写作时，文章中常会出现重点不突出和黏着性差等缺点，这主要是由于缺乏英语思维造成的。在英语教学中，教师应有意识地引导学生对中西不同的思维方式和特征进行对比研究，帮助学生学习和掌握英语组织篇章的思维逻辑，并引导他们将这种思维运用到写作中，进而培养学生的写作能力。

为了丰富学生的文化知识，扩高校生的文化视野，教师除了在写作教学中融入文化知识以及进行写作训练之外，还可以开设有关西方文化方面的选修课，如“语言与文化”“跨文化交际”“语用学”等课程，并适当地使用一些国外教材。这样不仅可以增加高校生自主选择课程的空间和接触西方文化的途径，还能开阔学生的视野，培养学生的文化意识和英语思维，使学生写出地道的英语文章。

（4）写作技巧

写作技巧是写作有效进行的基础和保障，有效运用写作技巧可以帮助学生克服因文化差异而造成的写作困难，因此在教学中教师应重点向学生传授一些主要的写作技巧。在进行写作之前首先要对选题进行构思。

①思绪成串式。思绪成串式构思就是将写作主体写在一张纸的中间位置，并画上圆圈，之后将所想到与主题相关的词都写下来、画上圈，然后总结归纳这些关键词，据此确定最终的写作思路。

②自由写作式。自由写作式是指在看到文章题目之后，就开始对题目进行思考，并将脑海中出现的所有观点都记录下来，记录完之后再返回来阅读所记录的内容，从中选取对写作有用的信息，其余的信息则舍弃不用。这种构思方式不受限制，思路可以完全打开，而且写作的框架也会随思路的扩展而形成。

③五官启发式。这种构思技巧的核心是从视觉、听觉、嗅觉、味觉、触觉五方面进行构思，寻找与写作主题相关的信息。但在具体的写作中，这几个方面没有必要全部涉及，可根据具体情况有所取舍。

在英文的写作中要关注整体语篇的结构。英文文章的开头、中间、结尾是一篇文章的三个主要组成部分，其中开头最能引人入胜。如果一篇文章有一个出色的开头，那么就很容易吸引人的目光，并给人留下好的印象。

①开门见山。开门见山是一种常用的写作手法，它直接切入主题，迅速吸引读者的注意力。开门见山就是在文章的一开始就点明主题，明确观点和看法。以下是一个英文作文开门见山的例子：

In the face of challenges and difficulties, perseverance stands as a towering beacon of hope and success. It is the unwavering commitment to a goal, despite the obstacles that may arise. The journey of perseverance is often fraught with setbacks and failures, yet it is these exact experiences that shape us into stronger, more resilient individuals. This essay explores the profound impact of perseverance on personal growth and achievement.

上述例文以一句简洁而有力的陈述开头，直接点明了文章的主题——毅力的重要性。随后，通过进一步阐述毅力的定义和在面对挑战时的作用，成功吸引了读者的兴趣，为后续内容的展开奠定了坚实的基础。这种开门见山的写作方式不仅有助于读者迅速理解文章的主旨，还能使文章更加紧凑、有力。

②故事引入。故事引入就是在文章的开头描写故事，并以此引出下文。以下是一个使用故事引入的英文作文例子：

Once upon a time, in a bustling city, there lived a young man named Jack. He was known for his kindness and compassion towards others, always ready to lend a helping hand. One day, as he was walking through the city, he came across an elderly woman struggling to carry a heavy basket. Without hesitation, Jack offered to help her, and they struck up a conversation as they walked. Little did Jack know that this chance encounter would change his life forever.

As they talked, the elderly woman revealed that she was a retired teacher and had once taught in a remote village. She spoke fondly of the children there and how much they had needed guidance and support. Jack was deeply moved by her words and decided to visit the village and offer his assistance.

What followed was a transformative journey for Jack. He taught the children, built relationships with the villagers, and experienced the joy of making a difference in their lives. This experience taught him the profound value of kindness and the impact it can have on others.

In conclusion, the story of Jack illustrates the power of kindness. It reminds us that by extending a helping hand to others, we not only enrich their lives but also our own. Kindness has the ability to break down barriers, build bridges, and create meaningful connections that last a lifetime.

上述例文以一个富有吸引力的故事开头，通过描述年轻人Jack的善举和他之后的人生转变，成功吸引了读者的兴趣。接着，作者逐步展开故事，深入探讨了善良的价值和意义，使得整篇文章既有趣味性又有深度。这种以故事引入的方式不仅有助于吸引读者的注意力，还能使文章更加生动、有趣。

③下定义。当需要对某一概念或事物做明确的解释时，可运用下定义的方式来开篇，这样能够帮助读者理解文章内容。

“Photography” is defined as the process of capturing and recording images of objects, people, or scenes using a camera or similar device. It involves the use of light and a photosensitive medium to create a lasting visual representation of a subject. Photography has evolved significantly over the years, from its early beginnings with simple cameras and film to the advanced digital technology we have today. It has become a popular form of artistic expression and a valuable tool in fields such as journalism, advertising, and scientific research.

这个定义首先明确指出“Photography”是什么，即使用相机或类似设备捕捉和记录对象、人物或场景图像的过程。其次它进一步解释了摄影涉及的关键要素，如光和感光介质，以及摄影如何创建持久的视觉表现。最后定义还提到了摄影的发展和它在不同领域的应用，为读者提供了更全面的理解。这样的下定义方式既准确又详细，有助于读者对概念或事物有一个清晰的认识。

④描写导入。描写导入是一种文学手法，用于在文章开头通过生动、形象的描写来吸引读者的注意力，并营造出特定的氛围或情感基调。描写导入就是以背景描写为基础，然后逐步导入正题。这种开篇方式能有效吸引读者的注意力，激发读者的阅读兴趣。以下是一个描写导入的例子：

In the world of infinite possibilities, reading stands as a gateway to knowledge and imagination. It is a journey that transports us to far-off lands, introduces us to remarkable characters, and opens our minds to new perspectives. The pages of a book are not just ink and paper; they are windows to a universe of stories, ideas, and emotions. Whether it's the thrill of an adventure novel, the poignancy of a love story, or the wisdom of a philosophical tome, reading has the power to captivate our hearts and minds. In this essay, I will explore the enchanting world of reading and its profound impact on our lives.

这段引言通过强调阅读的神奇特质，为整篇文章奠定了基调。它通过突出书籍能够引发的各种体验和情感，吸引了读者的兴趣。引言中使用比喻等修辞手法，如将书籍比作通往宇宙的窗户，为文章增添了一层生动的意象和深度。最后一句话简要概述了文章的重点，即探讨阅读对我们生活的影响。这样的导入方式不仅能够吸引读者的注意力，还能够为整篇文章定下一个情感基调，为后续的内容铺垫。

确定了文章的开头之后，就要对文章的段落进行扩展。通常段落的展开技巧包含以下几种。

①按时间展开。按时间展开就是根据事件发生的先后顺序来进行描述。这种段落展开方式脉络清晰、富有逻辑，便于读者阅读和理解。以下是一个按照时间顺序展开的英文作文例子：

On a sunny afternoon in early June, I stepped onto the stage of the local auditorium, my heart pounding with excitement and nervousness. It was the day of my first solo performance, a moment I had been dreaming of for months.

As the audience settled in and the lights dimmed, I took a deep breath and began to prepare myself. The anticipation was almost unbearable, but I knew that I had worked hard for this opportunity and I was ready to give it my all.

The opening chords of the piano rang out, signaling the start of my performance. I closed my eyes, took a final moment to center myself, and then began to sing. My voice filled the auditorium, and I could feel the power of the music surging through me.

As the song progressed, I lost myself in the melody, allowing my emotions to flow freely through my voice. The audience was silent, hanging on to every note, and I could sense their engagement and support.

The final chords rang out, and I opened my eyes to see the audience erupting into applause. I smiled, relieved and thrilled at the same time. I had done it—I had given my first solo performance, and it had been everything I had hoped for.

After taking a moment to bask in the glow of the applause, I stepped off the stage, feeling a sense of accomplishment and pride. I knew that this was just the beginning of my journey as a performer, and I was eager to continue growing and exploring my talent.

The day of my first solo performance was a memorable one. It marked a significant milestone in my life and confirmed my passion for performing. I will always cherish the memories of that afternoon and the feeling of stepping onto the stage, knowing that I was about to embark on an exciting new chapter in my journey as an artist.

在这篇作文中，作者按照时间顺序描述了自己第一次独唱表演的经历。从准备上台的紧张与期待，到表演过程中的专注与投入，再到表演结束后的成就感与自豪，整个过程都被生动地呈现出来。这种按时间顺序的叙述方式使得作文条理清晰，读者能够轻松地跟随作者的脚步，体验那一天的每一个精彩瞬间。

②按过程展开。按过程展开就是按照事情发展的顺序和经过展开说明。以下是一个按照过程展开的英文作文例子：

Learning to cook has been a rewarding and enriching experience for me. It' s a process that involves multiple steps, from choosing recipes to mastering techniques, and each step has been filled with new discoveries and challenges.

The first step in my cooking journey was selecting recipes. I started with simple dishes that required basic ingredients and techniques, such as scrambled eggs and pasta with tomato sauce. As I became more confident, I ventured into more complex recipes, incorporating different flavors and techniques.

Once I had my recipes, the next step was preparing the ingredients. This involved tasks like chopping vegetables, slicing meats, and measuring spices. I found that attention to detail was crucial in this step, as it could greatly affect the final outcome of the dish.

Then came the cooking itself. This was where I really had to focus, as each step needed to be executed precisely. I learned to control the heat, monitor cooking times, and adjust seasonings as needed. Sometimes, I made mistakes and had to adjust my approach, but each time I learned something new.

Finally, came the presentation. I discovered that even the simplest dishes can be elevated with a bit of creativity and care. I learned to arrange my food attractively on plates, garnish with herbs or other accents, and present it in a way that would make it appealing to eat.

Through this process, I not only learned new cooking skills but also developed a deeper understanding of food and its role in our lives. I realized that cooking is not just about following recipes; it' s about creativity, experimentation, and the joy of sharing a meal with others.

In conclusion, learning to cook has been a fascinating and rewarding process for me. It has taught me patience, precision, and the art of transforming simple ingredients into delicious dishes. I look forward to continuing my cooking journey and discovering even more delicious possibilities in the kitchen.

在这篇作文中，作者按照学习烹饪过程的时间顺序展开 step-by-step 叙述，从选择食谱开始，到准备食材、烹饪、再到最后的摆盘呈现，详细描述了每一步骤中所面临的挑战、所学到的新知识以及获得的成就感。这种按过程展开的叙述方式让读者能够清晰地理解作者的学习过程和成长轨迹，同时也能够感受到烹饪的乐趣和魅力。

③按定义展开。按定义展开，即对某一个含义复杂、意思抽象的词语或概念加以阐述。例如，

Leadership is a complex and multifaceted concept that has been explored and defined by numerous theorists and practitioners. At its core, leadership involves the ability to influence and inspire others to achieve a common goal.

Firstly, leadership is about influence. A leader is someone who can persuade and motivate others to follow their vision and direction. This influence is not solely based on positional authority but rather on the leader' s character, values, and ability to communicate effectively. A good leader knows how to inspire trust and respect from their followers, creating a strong bond that encourages collective action.

Secondly, leadership is about inspiration. A leader must be able to ignite a passion and enthusiasm for the cause or mission that they are pursuing. They must be able to convey a sense of purpose and meaning that resonates with their followers, making them feel like they are part of something bigger than themselves. This inspiration helps to create a shared sense of commitment and dedication that is essential for achieving any goal.

Moreover, leadership involves setting a clear direction and providing guidance. A leader must have a vision for the future and be able to articulate it in a way that is understandable and exciting to others. They must also be able to identify and prioritize the steps needed to achieve that vision, and to guide their team through the process of achieving those goals.

Finally, leadership is about service. A true leader is someone who is committed to serving the needs and interests of their followers and the organization they represent. They are mindful of the impact of their decisions and actions on others and are willing to sacrifice their own interests for the greater good.

In conclusion, leadership is a multifaceted concept that involves influence, inspiration, setting direction, and service. It is a role that requires a unique blend of skills, values, and character traits. A good leader is able to inspire and motivate others, set a clear direction, and serve the needs of their followers and the organization. By embodying these qualities, a leader can create a positive and productive environment that is conducive to achieving shared goals and success.

④按因果关系展开。这种展开方式包含三种形式，第一种是按原因展开，也就是先描述结果，之后再分述其原因；第二种是按结果展开，也就是先给出结果，然后再叙述其原因；第三种是既分析原因又分析结果。因果关系是指两个或多个事件之间的作用关系，其中一个事件（即“因”）导致了第二个事件（即“果”）的发生，原因导致结果。因果关系总是有方向的，原因必定在前，结果只能在后，并且因果并不是基于巧合的。因果关系的核心要素包括时序性、依赖性、必然性和非巧合性。因果关系可以是直接的，也可以是间接的，即一个事件可能通过一系列中间事件最终导致另一个事件的发生。因果关系也可以是多因素的，即一个结果可能由多个原因共同作用产生。在科学研究、逻辑推理、法律判断等领域，因果关系都是一个重要的概念。它帮助我们理解事件之间的联系，预测未来事件，以及制定政策。然而，确定因果关系并不总是简单的，可能需要深入的观察、实验和逻辑推理。下面是一篇 causal analysis ：

Exercise has long been recognized as a crucial component of physical health, but its role in promoting mental well-being is increasingly being recognized. A causal analysis reveals that exercise has a profound impact on mental health, with a range of positive effects that can significantly improve one' s quality of life.

Firstly, exercise releases endorphins, the so-called “happy hormones” in the brain. When we exercise, our bodies produce endorphins, which have a natural mood-boosting effect. These hormones help to reduce stress levels, alleviate anxiety, and promote a sense of well-being. As a result, regular exercise can help individuals cope with daily stressors and maintain a more positive mindset.

Secondly, exercise improves sleep quality. A good night's sleep is essential for mental health, as it helps to restore and rejuvenate the brain. Exercise can enhance sleep by increasing the depth and duration of sleep cycles. This, in turn, leads to improved cognitive function, better mood, and increased energy levels the next day.

Furthermore, exercise can boost self-esteem and confidence. As we achieve fitness goals or see improvements in our physical appearance, we tend to feel more positive about ourselves. This positive self-perception can translate into other areas of our lives, enhancing our overall sense of well-being and self-worth.

Additionally, exercise is a powerful tool for managing mental health conditions such as depression and anxiety. Regular physical activity can help to reduce the symptoms of these conditions and improve overall mental health outcomes. Exercise acts as a natural antidepressant, lifting the mood and providing a healthy outlet for stress and negative emotions.

In conclusion, the causal relationship between exercise and mental health is clear. Exercise not only improves physical health but also has profound effects on our mental well-being. By releasing endorphins, improving sleep quality, boosting self-esteem, and managing mental health conditions, exercise contributes to a happier and healthier life. It is therefore advisable for individuals to incorporate regular exercise into their daily routine to reap the benefits of improved mental health.

结尾技巧能够对文章起到画龙点睛的作用，所以在高校英语写作教学中教师应使学生重视文章结尾，并向学生讲解以下的结尾方式。

①总结式。总结式就是在文章的结尾处对全文进行总结概括，以揭示主题，加深读者印象。例如，

Perseverance, a trait that defines our resilience and tenacity in the face of challenges, holds immense value in our lives. It is the unwavering commitment to pursue a goal despite the obstacles and setbacks that may arise. The importance of perseverance lies not only in its end result but also in the journey it takes us through.

In conclusion, perseverance is a powerful trait that can transform our lives. It fosters growth and development, leads to success, and builds resilience. By persevering in our efforts, we can overcome challenges, achieve our goals, and create a brighter future for ourselves. Therefore, let us embrace perseverance and let it guide us on our journey to success.

②展望式。这种结尾方式是指在文章的结尾处表达对将来的期望，能有效增强文章的吸引力和感染力。展望式结尾是在文章的结尾部分对未来的前景或发展方向进行展望和描述。这种结尾方式通常基于文章的主题或论点，通过描绘未来的可能情境，强调积极的一面，激发读者的信心和期待。

展望式结尾不仅是对全文的总结和升华，也是对未来的一种期待和憧憬。它可以帮助读者更好地理解文章的主旨，同时引导读者思考未来的可能性，并激发他们为实现这些可能性而努力的决心。在实际写作中，展望式结尾可以包含具体的未来愿景、预期的目标，或者对某种发展趋势的预测。这样的结尾往往能够给人留下深刻的印象，并激发读者的共鸣和行动意愿。例如，

"Looking ahead, we can envision a future where our efforts are rewarded with remarkable achievements. This journey, though challenging, will undoubtedly lead us to a brighter tomorrow, where our dreams and aspirations come to fruition. Let us embrace the opportunities that lie ahead and strive towards a future that is not only prosperous but also sustainable for generations to come."

在这个例子中，作者展望了一个充满挑战但充满希望的未来，强调了通过努力可以实现梦想和抱负。同时，作者也提到了未来的可持续性，呼吁人们珍惜机会，为后代创造一个更好的世界。这样的结尾既总结了文章的主题，又为读者提供了一个积极的未来展望，激发了读者的信心和期待。

③警示式。警示式是指根据文中的论点，在文章结尾处解释问题的严重性，以引起读者的重视和思考。警示式结尾是一种在文章结尾部分发出警告或提醒的写作手法。它通常用于强调某种行为的危险性、问题的严重性，或者对未来可能发生的负面情况进行预警。这种结尾方式旨在引起读者的警觉，促使他们采取行动来避免潜在的风险或不良后果。警示式结尾常常使用强烈的语气和明确的表述，

以确保信息能够深入人心。它可能包含对某种趋势或行为的批判，对未来可能发生的灾难性事件的预测，或者对忽视问题严重性的后果的描绘。例如，在一篇关于环境恶化的文章中，警示式结尾可能这样写道：

“If we continue to ignore the signs of environmental degradation, we risk facing a future of unimaginable consequences. The loss of biodiversity, the rise of extreme weather events, and the collapse of our ecosystems are just some of the horrors that await us if we fail to act now. Let us not wait until it is too late; let us take immediate action to safeguard our planet and ensure a sustainable future for all.”

在这个例子中，作者通过描绘环境恶化可能带来的严重后果，警示读者必须立即采取行动来保护地球。这种结尾方式既强调了问题的严重性，又激发了读者的紧迫感和责任感，促使他们积极应对挑战。

写作完成之后还需要对文章进行修改，也就是对文章做进一步的加工和润色，以使文章更加完善。在教学中，教师可引导学生从以下三个方面对文章进行修改。

①语法方面。语法错误是学生写作中最容易出现的错误，所以对于这方面的错误要仔细检查。通常可以从以下几个方面着手：检查句意表达是否清楚；检查句子是否有语法错误；检查标点符号运用是否正确；检查拼写是否正确。

②主题方面。主题是文章的关键，所以一旦文章主题产生错误，将是非常严重的错误。在检查主题方面的错误时，可从以下几个方面入手：检查主题是否完整统一；检查文章是否符合题目要求；检查主题句是否清晰；检查文章内容是否与主题紧密相关；检查语气是否一致，时态是否恰当。

③段落方面。在检查段落方面的问题时，可从以下几个方面入手；检查段落的展开是否流畅；检查段落材料是否充实；检查段落之间是否连贯；检查过渡词的运用是否恰当。

总体而言，在跨文化交际理论下，英语教师应向学生明确写作教学的内容与目标，并基于此在遵循高校英语写作教学原则的同时，采用多样化的教学方法来培养学生的文化能力，提高学生的写作水平。在英语写作中，具备了结构完整、内容充实、语言流畅、和谐连贯、语句简洁等特点的文章才能算得上是一篇好的文章。写作的优劣取决于内容、结构和风格技巧的运用。因此，在英语写作教学中结构、句式、选词、拼写和标点符号等是重点教授内容。

当然，谋篇布局是写作的基础，只有了解了不同体裁和题材文章的谋篇布局，才能根据写作目的选择适当的扩展模式，谋篇布局就成了英语写作教学的重要内容。从篇章结构上看，写作的结构一般是引段—支撑段—结论段。而从段落的结构上看，结构一般是主题句—扩展句—结论句。不同题材、体裁的文章，也有着不同的布局方式。一篇文章不仅要有合理的谋篇布局，还要具备完整统一性。文章的完整统一指的是所有的细节都要服务于主题，如事实、原因、例子等细节都围绕主题陈述和展开，所有的信息都要与主题相关、与内容切题。所有偏离主题的句子都要删除，同时保持文章段落的完整性。

在英语的写作中，段落中句子顺序及思路的安排必须具有逻辑性，句与句之间紧密相连，内容之间衔接流畅，段与段之间环环相扣，从而使整篇文章连贯统一。其中，使用恰当的连接词可以保证句子严谨、段落紧密和行文流畅。此外，过渡词语可以起到增强文章连贯性的作用，所以在写作的过程中也可以恰当地运用过渡词语。Coherence 和 Cohesion 就是检验英文文章流畅和连贯的两个维度。

英语句式复杂多样，按复杂程度划分有简单句、复杂句、并列句等，按语法顺序划分有正常句、倒装句等，按句子长短划分有短句、长句等，并且每一种句式的变形又是多种多样的。掌握不同句式的多种表达方式对于丰富文章的内容、增加文章的文采、提高写作的水平具有重要意义。因此，句式也是英语写作教学中的重要内容。词语的选择对于写作来说也是十分重要的，它是作者与读者有效交流的通道。选词与个人的爱好有关，体现着个人的风格，因此选词要考虑语域的因素，例如，褒义词与贬义词的选择，形象词的选择，概括词与具体词的选择，正式用词与非正式用词的选择等。另外，角色的因素以及读者的因素也要充分考虑进去。拼写和标点符号均属于基础知识，但是拼写是否准确、标点运用是否正确却会对写作造成重大影响。在设计写作教学方式和内容时应将拼写和标点符号因素考虑进去，以提高学生拼写和运用标点符号的能力。

英语写作教学的主要目的是培养学生运用书面英语输出信息、表达思想的能力。《大学英语课程教学要求》对高校英语写作教学目标提出了相应的要求，具体如下。英语读写是英语学习中的两个核心技能，它们紧密相连、相互促进。阅读是获取信息和知识的主要途径，而写作则是表达思想和观点的重要方式。

在阅读方面，学生需要通过大量的阅读实践来提高自己的阅读速度和理解能力。阅读材料的选择应该多样化，包括故事、新闻、科技文章等，以便学生能够接触到不同的语言风格和表达方式。在阅读过程中，学生需要注意词汇的积累、语法结构的理解以及文章的整体把握。同时，培养良好的阅读习惯，如默读、预测文章内容等，也有助于提高学生的阅读水平。

在写作方面，学生需要掌握基本的写作技巧，如段落结构、句子衔接、语法运用等。通过写作练习，学生可以锻炼自己的思维能力和表达能力，提高自己的写作水平。在写作过程中，学生需要注意要点要全、表达准确、语言流畅等方面的问题。此外，培养学生的写作兴趣和自信心也是非常重要的，教师可以通过鼓励、引导等方式激发学生的写作热情。为了提高英语读写能力，学生还可以利用一些辅助工具和资源。例如，可以使用词典来查找生词的意思和用法；可以利用在线资源来查找相关的写作素材和范文；还可以参加一些英语写作比赛或活动来锻炼自己的写作能力。

第五章　跨文化交际与高校英语教学的创新发展

跨文化交际与高校英语教学的发展趋势是相辅相成的。随着经济全球化的加速推进，跨文化交际能力已成为英语学习者必备的技能。同时，跨文化交际的教学也将促使英语教学方法和手段更加多样化，运用现代教育技术手段，如在线教育资源、社交媒体等，为学生提供更多元化的学习体验。

第一节　英语教学的跨文化交际发展制约

随着跨文化交际在各类英语课程要求或指南等纲领性、指导性文件中被着重提出来后，我国很多高校都逐步开始尝试在高校英语课堂融入跨文化交际能力训练，甚至专门开设跨文化交际课程。然而，从目前我国高校英语教学实践来看，跨文化交际与高校英语教学发展主要存在以下三大困境。

（一）应试教育的影响

我国的基础英语教育仍面临着应试的压力，全国高校英语四、六级考试、研究生入学英语测试依然是衡量英语教学效果的重要依据，学生仍将考试分数作为其英语水平的最终评判。因此，教师在教学中多数以课本知识为教学内容，以提高应试分数为主要目标，从而忽视了在日常教学中对学生跨文化交际能力的训练和培养。近年来，虽然高校英语教材编著者有意识地在教材的内容和形式上注重引进跨文化交际能力训练项目，然而在实践教学中，教师依然更多时候是围绕着语法和语义词汇等语言知识的讲授及篇章结构和写作手法的分析解读，在学时少、教学任务重的条件下，教师不愿过多占用课堂时间，为学生讲解和拓展文化背景知识，更别提有意识地组织安排学生进行跨文化交际的训练活动。高校生的跨文化交际能力培养未能得到足够重视，由此导致我们很多高校生的知识范畴多局限于课堂教材和考试科目范围内狭隘的层面，疏于对中外历史和更多久远的丰富的人类文化的涉猎和理解。高校生的“哑巴”英语现象依然存在，难以从根本上实现对学生跨文化交际能力的实质性提高。

语言是文化的载体，是文化的主要表现形式。不同民族有着不同的文化、历史、风俗习惯和风土人情等，各民族的文化和社会风俗又都在该民族的语言中表现出来。英语教学是语言教学，当然离不开文化教育。然而，文化差异限制了跨文化交际与高校英语教学的发展。由于历史、宗教信仰、地域、气候、风俗习惯以及中西方不同的思维模式、礼貌方式、习俗禁忌、价值观以及人生观导致语言文化上存在较大的差异，这在一定程度上限制了跨文化交际能力的培养。在高校英语教学实践中，两种文化相互碰撞、渗透，又互相影响、排斥，语言背后的差异文化给高校生的英语学习造成一定的障碍。所以，在高校英语教学中，教师不能单纯地教授英语知识，还要引入对西方文化的介绍，增强学生的文化意识，将文化和语言结合起来，了解文化和语言的密切关系，真正提高学生的交际能力，实现跨文化交际。

（二）跨文化意识与能力缺失

跨文化交际能力是一种综合性的能力，它不仅涵盖了英语、人文、地理等多个学科的知识，也反映了人的交际能力、文化转换能力、语言运用能力、心理素质等多个方面的能力。跨文化交际能力的培养需要在长期的实践和学习中进行，不能仅仅依靠英语课堂教学。20 世纪 80 年代，跨文化交际学进入我国教学与研究视野中，英语教学成为跨文化交际能力培养的重要途径。但是与跨文化研究的热度和成果相比，跨文化教学的实效性还有待提高。造成这种状况的原因有以下三点。

第一，学校管理存在缺陷。跨文化教学在英语教学领域已经成为一个重要的议题。但是，在大部分的综合院校中，学校教学发展计划的制订者并不熟悉英语专业的教学，对英语教学的认识也比较僵化落后，他们常常过分重视英语教学的实用性而忽视了其中的文化教育和跨文化意识培养。很多高校评价英语教师水平的标准是学生的四、六级成绩。这种思想是错误的。此外，英语课时也在不断减少，因此英语教师面临着教学任务的重压，不仅要按照教学大纲完成知识点的讲授，还要帮助学生备考四、六级。为了适应不同水平的学生的学习需求，一些院校采用了分级教学的方式，让新生参加分级考试，然后根据成绩分为不同的班级，匹配不同水平的课程。在通过英语四级考试之后，学生只需要根据自己兴趣和需要选择是否继续学习英语，以及选择合适的选修课。但是，这种做法也有弊端，就是让学生把通过四级当成了英语学习的终点，而不是起点。一旦通过了四级，就不再上英语课，或者只是随意地选修一些英语课程，这样就失去了英语学习的动力和兴趣。此外，很多学校领导对教师的科研成果要求很高，但对教学改革论文的支持却很少。很多教师想要进行教学改革，提高教学质量和效果，但是他们发表的教改论文在学校的官方媒体上不受重视，这也影响了他们的对教学改革的兴趣和积极性，降低了他们从事教学科研的热情和信心。

第二，教师的跨文化交际能力不足是影响跨文化教学的一个重要因素。由于缺乏相关的培训和体验，很多英语教师缺乏传授跨文化知识的信息，在课堂上教授的跨文化知识缺乏深度，只是简单地介绍一些表面的现象，没有深入地分析和引导学生，也缺乏实践环节。此外，教师对精读课的目标认识也存在偏差。胡文仲和高一虹根据自己的研究和理解撰写了《外语教学与文化》，书中认为外语教学目的应从微观、中观和宏观三个角度进行理解和细化，分为社会文化能力、交际能力和语言能力，它们三个之间是相互关联的，而这三个能力的综合就形成了跨文化交际能力。然而，很多英语教师还停留在传统的教学理念中，认为精读课的主要目标是语言知识的学习，而文化知识只是附属内容。这样的教学观念导致了教师在教学过程中过分强调学生的听、说、读、写、译等语言技能，而忽视了社会文化意识和交际策略的培养，不利于培养具有跨文化交际能力的英语人才。

第三，学生自身的问题。高校英语教学通常围绕学生展开，因此学生的学习积极性、学习兴趣、参与度、自身的知识水平等都会影响课堂教学的效果以及课堂教学计划能否高质量完成。但是很多学生虽然有着较好的学习动机——他们希望能够通过学校的英语考试，也希望通过英语课堂提高自己的英语应用和表达能力、了解相应的文化知识，但是在课堂上的行为却与学习动机相矛盾。他们排斥枯燥的语法和词汇教学，也排斥一些比较困难的英语实践活动，因为这些活动似乎不能帮助他们提高考试成绩。此外学生的跨文化意识严重不足，学习上也缺乏规划，自主性极低。学生在高中阶段的英语学习核心是培养“听说读写译”的能力，重点在于应用，因此学生对文化知识的了解极少。很多学生即使是对我国文化知识也知之甚少，缺乏应有的了解。而且很多学生的英语基础不牢固，尚未掌握沟通和表达的能力。而教师的跨文化教学需要学生在课堂上积极参与讨论或者表演，因此对学生的文化知识掌握程度和语言基础要求非常高。学生不得不在课下弥补文化知识方面的不足，但是课下学习依赖于学生的自主性和自觉性，很多学生的课下学习只是流于形式，根本不能完成学习目标。

（三）教师跨文化视野缺失

跨文化教育的目标是培养学生的跨文化意识和能力，使他们能够理解和尊重目的语文化，消除文化障碍，有效地进行跨文化交流。但是，传统的英语教学过于注重语言知识的传授，忽视了语言的交际功能，学生虽然掌握了一定的语言知识，但却缺乏实际的语言交际能力。因此大部分学生都无法真正理解母语和目的语之间的文化差异。交际能力理论认为交际能力与语言能力并不相同，语言运用能力也不等于语言知识的掌握。英语教学不应仅仅着眼于语言知识的传授，还应重视学生语言运用能力的提升，让学生能够在不同的场合下与他人进行跨文化交流。

英语教师在学生英语学习中扮演着重要的角色，他们不仅要教授语言知识，还要搭建学生个体文化和目的语文化之间进行沟通的桥梁。但是，现实中有很多英语教师缺乏跨文化教学的意识，在教学中忽视了文化的导入与讲解，只关注语言的形式而忽视了语言的社会文化含义，只重视语法的正确和语言的流利而忽视了语言使用的情境与沟通目的，这样学生就只能掌握语言知识而无法掌握跨文化交际能力。高校英语教师不仅是语言知识的讲授者，更是文化的传播者，如果教师对本国传统文化不甚了解，也缺少对中外文化差异的认知与理解，那么就无法在英语教学中合理引入文化知识，平衡本国文化与目的语文化之间的关系，更无法引导学生养成优秀的跨文化交际意识。语言形式的背后蕴藏着丰富的文化知识，缺少跨文化交际意识的教师是无法将这种文化知识传授给学生的。

跨文化教育的目标是让学生能够理解和尊重不同的文化传统和价值观。为了达到这个目标，英语教师不仅要教授语言知识和技能，还要兼任文化传播者的角色，帮助学生探索和比较中西方文化的异同，选择和借鉴有益的文化元素，传播和推广优秀的文化成果。英语教师要更新自己的教育理念，不断拓展自己的跨文化知识、增强跨文化意识、加深对跨文化知识的理解，这样才能提高学生的语言综合运用能力，才能使学生在跨文化交际中取得成功。

跨文化教育是英语教学的重要内容，要求英语教师不仅要有跨文化意识，还要有丰富的跨文化知识，能够在英语教学中有效地传递不同文化的信息。我们的教育目标是培养出能够用英语介绍中外文化的双向沟通者，既能了解和尊重外国的文化，也能展示和传播中国的文化。在经济全球化的时代，英语教学不应该只关注目的语文化，还应该平衡母语文化和目的语文化的比重，从而使我国英语教学成为促进中华优秀传统文化与世界文化交流的桥梁和纽带。

（四）双重文化成长意识缺失

近年来，英语教学改革的探索不断深入，文化已成为英语教学中的重要议题，很多教师都意识到了文化在教学中的重要性，跨文化教育意识也在教师群体中得到了普及。但是这种对文化知识传授的重视也造成了一定的偏差。很多教师虽然开始重视目的语文化的分析和讲解，但是却忽视了对母语文化的分析与对比，在教学中过分重视对外国文化的讲解和认同，却忽视了本国文化的传承与渗透。跨文化能力的培养不能仅仅依靠对外国文化知识的讲解，外国文化与母语文化的对比分析也十分重要。教师应当以批判意识审视本国文化和外国文化，深入分析两国文化的异同，提升自己的语言应用能力。教师如果缺乏文化素养，则无法在教学中引导学生正确认识两国文化，也无法对文化中的不同元素进行正确的判断，这对于学生在学习过程中吸收和借鉴外国文化非常不利。此外，缺乏对我国传统文化的正确认识也使学生无法传承和弘扬中华优秀传统文化。由此可见，在英语教学中，教师不仅要重视对英语文化的讲解，也要重视本国文化的渗透，这样才能真正提升学生的跨文化交际能力。

高校英语教学中，对目的语国家文化的重视往往超过了对母语文化的关注，导致母语文化被边缘化。随着英语教育在我国的普及和发展，英美文化也成为热门话题，而我们的传统母语文化却渐渐不受重视。我国很多英语水平较高的中国青年学者在与西方人交流时缺乏应有的文化素养和独立的文化人格。当西方人询问与中国传统文化相关的知识时，他们往往无法回答。有的博士生虽然具有较好的英语基础，也掌握了比较丰富的中国文化知识，但是却无法在与外国友人的交流过程中将中国文化的内涵和特色精准表达出来。有些学者将这种现象称作“中国文化失语症”，它的存在展现出了我国英语教学的不足。跨文化交际并非只包含我们对交际对象的理解，还包括与交际对象共享文化，通过对本国文化的讲解和传播影响他们，进而实现文化的对外输出，在特殊的情况下，文化的共享和输出远比对他国文化的理解更为重要。在英语教学中，缺乏西方文化的导入使得我们在与国际交际对象的交流过程中产生了很多障碍，尤其是理解方面的障碍，而中国文化的缺失则对我们的国际交流产生了极大的负面影响。鉴于此，高校英语教学中，跨文化能力的培养不能只重视西方文化的导入，还要重视中西文化的对比分析，帮助学生提高对文化差异的理解和敏锐性，提高学生的文化接受程度，掌握在交际中灵活处理文化差异的能力。

目前我国高校英语教师大部分缺乏文化意识，文化教育意识也有待加强，跨文化知识掌握和理解不足，无法很好地进行跨文化教学。具体表现为教师们缺乏对目的语文化的理解、判断和思考，也无法准确判断目的语文化的优劣，并在教学当中进行扬弃；也有的教师对本国优秀传统文化的认识和理解不足，缺乏分析和比较目的语文化和母语文化的意识与能力，缺乏批判性思维，不能很好地认识和理解文化之间的差异。

（五）跨文化教育的方法存在弊端

目前，英语教师在跨文化教学方面还存在一些问题。一是教学方法的选择不够灵活和有效，不能根据教学目标和内容选择合适的教学方法，只是机械地运用传统的语法和句法讲解，忽略了语言交际的文化背景和非语言因素。二是教学内容的安排不够全面和系统，只注重书本上的知识，而没有引导学生通过多种渠道获取跨文化交际知识，也没有拓宽学生的视野和知识面。三是教学态度的缺乏和不专业，只关注语言形式的正确性，而不关注语言形式的得体性，对英语文化知识的介绍也很少或很随意，甚至有些教师自己对跨文化语用知识也不了解。在遇到跨文化语用现象时，他们常用“惯用法”来做解释，但很多语言现象并非“惯用法”所能概括，倘若一碰到常见的句型及表达法，就称之为“惯用法”，而让学生去死记硬背，结果是学生会因为枯燥地记忆一些句子和表达法却不会运用而逐渐对所学英语失去兴趣。以教师为中心的教学原则和方法，既忽视了学生的主体作用，也不利于培养学生的跨文化交际能力。实际上适合跨文化教学的英语教学方法很多，如语法翻译法、直接法、听说法、交际法、自觉对比法等，各个英语教学派别都存在自身的优势与不足之处。作为英语教师，在教学中应扬长避短，将各种方法的优点灵活运用于课堂教学当中，从而提高课堂的教学效果，积极引导学生对中西文化进行客观比较，用历史辩证的眼光去透视各文化的不同点，用超然的态度去追索其差异的渊源，从而增强学生的文化属性敏感度，培养树立正确的跨文化意识，实现对学生进行跨文化教育的目的。

长期以来，我国的英语教学缺乏目的语文化的环境，国民教育的主要活动是向受教育者一味地灌输知识，不注重对学生能力的培养。此外，我国的教育体制和考试方式使得教师们在教学过程中十分重视学生对知识的记忆，因此学生在学习的时候常用方法为背诵，很多大学生学习英语的主要目的就是通过各类英语考试，以免影响自己毕业。因此在英语学习中，学生的主要动力是通过考试。从教学条件上看，教育经费的投入与受教育的人数增加和教育发展的需要还不相称，目前的高校英语教学明显不能适应经济的发展和社会的需求。另外，教师数量不足，教学水平有待提高，学习英语的学生班级人数增长幅度较大，且综合素质参差不齐，教师难以做到因材施教，学生学习也只注重书本知识的学习，忽视已有知识的运用。至于课外英语学习环境，无论是学校、家庭还是社会，都难以提供学习、交流与实践的真实环境。虽然有些学生英语表达能力较强，但跨文化理解能力普遍较弱，当语言能力提高到相当的水平之后，文化障碍更显突出，如对交际策略、交际原则、礼貌规则等方面的知识知之甚少。实际上，在与交际对象交流时，语言方面出现的错误很容易得到原谅，但是语用的错误和文化差异造成的理解问题则容易引起对方的反感甚至愤怒，导致交际最终失败。语言学家沃尔夫森（Wolfson）曾指出在与外国人交流时，语用失误往往比语法错误更糟糕，因为英语为母语者能够容忍发音、句法方面的错误；但是，由于没有意识到社会语言学的相对性，他们认为违反英语语用规则极其不礼貌。人们经常认为英语口语流畅的人对相应的英语文化知识肯定也十分了解，因此他们也会认为口语流畅的人的语用错误是故意为之，从而造成理解方面的误差，导致文化冲突产生。当代大学生对我国传统文化的了解很少，也缺乏对母语文化的正确认知。尤其互联网飞速发展的几十年里，学生接触外界世界的机会增加，英语全球化程度加深，母语文化在学生所接触的信息中占比更小。据统计，互联网上 85% 的网页是英语网页，英语电子邮件占 80%，来自中国的信息只有 0.04%。我们生活在一个社会飞速发展的时代，弘扬民族文化和人文精神是当今社会最主要的任务之一。母语文化素养不仅是学生精神建设的基础，也是学生价值观、世界观的形成的关键因素。在经济全球化的背景下，西方国家的科技和文化对学生的心理产生了深刻的影响。因此我们必须在教学中强调对母语文化的学习，这样才能让新一代的学生感受到母语文化的魅力，自觉为传承民族精神、延续民族生命贡献自己的力量。此外，在英语学习中，母语文化和西方文化的对比也是教学中的重要环节，这就需要学生在了解西方文化的同时加深对母语文化的学习，从而提高自己的跨文化交际能力和综合素质。

（六）文化教育的内容较欠缺

跨文化教育的教学大纲存在不足。高校英语教学的目标之一是培养学生的跨文化交际能力，但是我国的《大学英语教学大纲》并没有明确规定文化教育的内容和方法。1999 年修订的大纲虽然提出了“提高文化素养”的要求，但是与语言知识和技能的教学相比，跨文化教育仍然缺乏系统性和规范性。2004 年发布的《大学英语课程教学要求（试行)》(以下简称《课程要求》）是指导非英语专业本科生英语教学的重要文件。《课程要求》明确了在高校英语教学中语言知识和技能、跨文化交际和学习策略同为主要教学内容，英语教学应当遵循科学的教学理论指导，使用多种教学模式和方法，形成全面的教学体系。《要求》对高等学校英语教学的定位和目标做了全面的规定，符合当今时代我国国际经济贸易和文化交流对英语人才培养的需求。其中包含了英语教学的三个不同层次，但是在详述这三个层次的教学要求时，却依旧只对传统英语教学内容做出了规定而没有对跨文化交际和综合文化素养等方面进行指导。由此可见，英语教学中的文化教学和跨文化交际能力培养依然无章可循、不被重视。

跨文化教育的内容在英语教材中较为薄弱，到目前为止，以文化导入为目的的系列教材尚未正式出版过，相关的参考资料就更少，即便有些音像资料，但缺乏系统性，像词典、教学参考资料上能够查到的文化释解也极为有限。高校英语教材中内容的选择也缺少有关中国传统文化的内容，这就不利于我们的学生在跨文化交际中传播自己国家的优秀文化，也不利于学生对文化优劣的鉴别能力的提高，更不利于学生文化平等意识的建立。近些年在教学中曾使用的有复旦高校出版社出版的《新潮实用英语综合教程》、北京高校出版社出版的《新世纪英语教程》、高等教育出版社出版的《实用英语综合教程》等教材。

我国现有英语教学尚不能满足跨文化教学的要求，具体存在以下方面的不足之处：

①知识教育比较完善，跨文化教育内容比较少，文化知识相对狭窄，与时代内容不符。课文中对于跨文化知识的讲解比较基础，内容也不够全面，不能满足跨文化教育的需求。此外，选用的很多课文中的文化知识都比较局限、落后。很多文章的内容主题都是日常生活，其中蕴含的文化知识都比较浅薄，涉及比较犀利的社会话题的内容则很少。虽然正面教育无可厚非，但是却不利于学生综合素质以及跨文化交际能力的养成，学生只接触正面教育是无法了解真实的社会的，更不能对社会中的问题产生深刻的思考，这无疑浪费了良好的学习机会。跨文化意识和能力的养成必然涉及学习者对社会争议话题、世界观、价值观等方面的讨论和思考，缺乏对社会的全面认识则很难做到这一点。

②缺少对我国文化的讲解。课文中的文化内容大多为英美国家文化，而对中国本土文化的介绍很少。这对于学生跨文化能力的养成十分不利。跨文化交际应该是双方互相了解和尊重的过程，而不是单方面的传播或接受。

③注重知识传授，忽视态度与能力。有的教材虽然资料中包含很多跨文化知

识，但没有表明学生如何在学习当中养成跨文化意识和能力。学生只掌握了跨文化知识，却无法正确应用这些知识来提高自己的能力。

第二节 跨文化交际与高校英语教学的个性化发展需求

现阶段，跨文化交际视角下高校英语教学的个性化发展就是培养学生的自主学习能力，学生的自主学习是针对个人制定的，适合自身学习情况的一种教学模式。所谓自主学习，简单地说就是指学习者控制和管理自己学习的能力，它是一个复杂的概念，包含多个层次，在不同的社会文化和教育环境中会呈现不同的形式。

（一）培养自主学习能力的意义

学习者自主学习能力的培养逐渐成为高校英语教学的个性化发展需求，这与跨文化交际日益频繁、知识和信息日新月异、经济全球化不断深入的当今世界形势分不开的，面对这样的形势，培养跨文化交际能力、独立学习能力和终身学习的思想成为教育的首要任务之一。英语教学作为跨文化交际能力培养的重要阵地，应该主动承担起这一重任。在英语教学中培养学习者自主学习能力的意义体现在以下四个方面。

第一，任何教学都是有侧重的，因此在教学中不可能涉及所有学生所需要的知识和技能，英语教学中的跨文化交际能力培养也是如此。因此在学习过程中，学生不仅要掌握教师所传授的知识和技能，还要掌握跨文化学习的方法，学会如何制订自己的学习计划，掌握跨文化交际的规律和技巧，这样才能在今后的工作中真正做到应用跨文化交际能力与国际友人交流。

第二，学生是学习的主体，有权利选择自己的学习内容。在传统英语教学中，学生的学习是由教师主导的，学习内容也几乎脱离不了教材的范围。这种被动的学习不利于学生提高学习效果，掌握学习内容，更不能让他们养成终身学习的意识和习惯。学生在学校所学的英语知识是抽象的，脱离了真实的语境，因此很容易被遗忘。只有学生通过自主参与主动获取的、在实践和真实的生活中经历过的知识才能成为学生的一部分。学生在学习中要保持积极、主动的态度，独立自主地学习，这样才能快速吸收知识，得到能力的提升。

第三，从教学的视角来讲，学习者拥有参与制定学习目标、安排学习进度和评估学习进步的能力和权利，这样他们就能对教学的目的、内容、活动和要求有更加清晰的理解，从而提高学习效果。而且对自己学习的准确认识会使学习者感到稳定、安心，学习者不会因为面对他们不确定的考试而恐慌不安。另外，自主学习还有助于激发学习者的学习热情，因为学习变成了自己的事情，而不是在家长和教师权威压迫下，勉强去做。

第四，教师不可能时时刻刻帮助学生学习，因此学生需要掌握独立学习的能力，学会如何在没有他人的帮助的情况下完成学习过程，获得提升。

从国际形势的变化看，英语教学和教育界都面临着新的要求。从英语教学自身的发展看，学习者自主学习的能力也是必不可少的。因此我国英语教师应当尽一切努力培养学生的自主学习意识和能力，让他们掌握先进的知识，有能力完成国际交际任务。

（二）自主学习中教师和学生的角色

自主学习不是一种新的学习方法，也不是一种新的教学方法，它是对学习和教学本质的修改。学习不再是简单的听讲、记笔记、做作业、复习、预习、考试等；教学也不再是单纯的传道、授业、解惑。学习者的被动地位得以打破，以学生为中心、以学习为中心、以任务为中心的教学思想取代了以教师为中心、以教学为中心、以教材为中心的教学思想。那么，这种转变是否意味着教师的教学变得轻松，而学生的学习压力不堪重负呢？对这个问题的最好回答就是分析教师和学生在这种教学模式下的作用和他们之间的关系。

1. 教师的角色

自主学习要求学生除了参与确定学习目标、学习内容、学习进度、学习方法、学习评价之外，还要对自己作为一个学习者的感受和经历进行反思和理解，关注学习过程，摸索学习方法。对学生所提出的这些“额外”要求，实际上也是对教师的要求，因为只有具有自主学习意识和能力的教师才能培养出能够进行自主学习的学生。教师自主的具体表现是：①积极参与课程大纲制订、课程设计等教学改进活动；②能够根据实际教学需要调整课程内容；③能够根据教学内容和学生实际情况选择不同的教学方法和教材；④勇于进行教学方法和教学材料的创新。

教师应该具备自主学习的意识和自信，这样才能在教学中激发学生的自信心，促使其独立思考。同时，教师也要重视培养学生的自主学习能力，让学生能够主动地掌握知识和技能。教学的主要目的之一是引导学生掌握自主学习的方法，提高自主学习能力。因此在教学中，教师的主要角色是学生学习的合作者、问题的解决者、学习过程的协调者和平等的对话者。

首先，教师与学生是学习上的合作伙伴。教师应与学生共同制订教学计划和评价标准。合作的范围可以是班级整体、小组或者个人。教师应当适当放下自己的权威，用对待朋友的方式对待学生。

其次，教师是学生学习问题的解决者和指导者。很多缺乏自主学习能力的学生无法完成自主学习的过程。他们需要教师的悉心指导和鼓励。在这个过程中，教师就是学生的指导者，可以帮助学生解决遇到的困难。教师的主要任务是积极与学生进行有效沟通，了解学生遇到的问题，督促学生进行反思和改进，掌握学生的学习进度并及时帮助学生解决问题，帮助学生制订学习目标。教师应当在与学生的交流过程中让学生感受到关切和鼓励，并根据学生的学习特点和需要帮助学生选择学习方式和材料。当然，与每一个学生定期进行这样的对话会花费教师大量的时间，但是考虑到它对于培养学生自主学习能力的重要性，还是非常值得的。

再次，教师是学生学习的协调者。学生独立学习并不等于完全自学或是不与他人交流。事实上，独立学习往往是几个学生共同讨论、合作完成学习任务、分享学习经验。在独立学习活动中，学生参与是重点、学生的学习成果展示是核心。而教师则要成为协调者，保证学生在学习活动中始终以学习主题为核心进行活动。

最后，教师在知识和信息传授方面具有重要的作用。虽然现代的教学方式不再把教师作为学生获取知识的唯一途径，但是教师在知识专业度方面依然非常有优势。教师依然是学生获取知识、提升能力的主要途径。

我们可大致将教师的作用归纳为技术支持和心理／社会支持两大类，这个划分很有道理。技术支持的主要内容包括：①通过分析需求、确定目标、规划时间、选择教材和组织活动等来帮助学习者规划和实施自主学习；②帮助学习者进行自我评价；③帮助学习者掌握完成上述任务的能力和知识。心理／社会支持的内容包括：①具有协调者的素质，要体贴耐心、宽容大度、善解人意、不妄加评判等；②不过多干预等；③能够提高学习者独立自主的意识。

以上对教师角色和作用的论述表明，以自主学习为特点的教学对教师的要求更高，这不仅体现在教师在时间和精力上付出会更多，而且要求教师在具备必要的业务知识的同时，还要具备与学生沟通和协调的能力。这样一来，教师的任务实际上比原来更重、责任更大，因此教师培训就显得非常有必要。

2. 学生的角色

自主学习能让学生的学习过程不再依赖教师和教材，自主选择学习内容和材料，自主安排学习计划。在教师的引导下，学生要养成良好的自主学习习惯、掌握正确的自主学习方法。具体而言有以下几项：①学会自主制订学习计划，明确学习的内容和目标，有计划地完成学习任务，选择适合自己的学习方法，并学会科学评价自己的学习过程；②有效监控自己的学习过程，适当记录自己的学习收获和感受并与他人进行分享，从而反思自己在自主学习过程中犯过的错误并进行修正；③科学评价自己的学习结果，根据自己制定的学习标准对自己做出准确的评价，分析学习过程的进步与不足，制订下一阶段的目标和计划。

自主学习的目的是让学习者能够自己控制和管理自己的学习过程，从而提高学习效果和质量。为了实现这一目的，学习者需要有强烈的学习动机，关注学习的目标和方法，通过反思和评估自己的学习过程，提高对学习本身、自己作为学习者和学习环境的认识，掌握适合自己的学习策略和技巧，从而提高自主学习能力。认识了自主学习能力培养的意义和师生的责任之后，接下来的问题就是如何培养和提高学习者自主学习的能力。

（三）自主学习能力的培养

培养自主学习能力需要教师和学生双方共同努力、相互配合。自主学习能力有丰富的层次和表现形式，因此学生自主学习能力的培养也要从多方面进行。自主学习能力的开发和培养主要可以从以下六方面进行：①以学习资源为基础，重视学生与学习资料之间的互动；②以先进教学技术为基础，强调学生与教学技术之间的互动；③以学习者为基础，关注学生的学习行为和心理的变化与发展；④以课堂教学为基础，强调学生为课堂教学的核心，拥有掌控课堂教学进度和内容的权利；⑤以课程为基础，强调学生对学习行为与过程的控制；⑥以教师为基础，强调教师的引导作用和对学生的培养与培训。

以资源和技术为基础的学习（如计算机辅助语言学习、利用学习软件的学习、网络英语学习等）为学习者控制和管理自己的学习提供锻炼机会，学习者独立面对各种不同形式的学习材料，面对多媒体和因特网等现代技术所提供的学习机会时，势必会自发地对自己的学习进行管理和控制。但是，技术只是为自学提供了机会，并非一定能导致学习者自制能力的提高，所以对学习者进行一定的学习策略培训十分必要，这就是第三种方法的主要内容。以课堂为基础进行学习者自主能力的培养主要是通过让学习者参与对他们日常课堂学习活动的计划和评价，来促进他们对学习过程和学习内容的意识和理解。第五种以课程为基础的方法，强调学习者的自主学习应该贯穿整个课程体系，在这种教学模式中学习者对自己学习的控制是全方位的，从学习目标和内容的确定，到学习过程的把握，到最后的评价都是由学习者自己完成，当然教师适时、适度的帮助仍然是学习者自主能力形成的重要保证。以教师为基础的方法显然是从教师对培养学习者自主学习能力的作用出发，对教师进行培训，以帮助他们履行自己的责任，完成对学习者自主能力的培养。总之，学习者自主学习能力的培养是一个长期、复杂的任务，应该将学生、教师、材料、技术、课堂等各教学要素有机结合，采取多种形式，从不同侧面进行。

此外，培养学习者自主学习能力还应该特别注意以下四个方面。

①让学生理解自主学习的含义和意义，提高他们自主学习的意识。自主学习是一个近十几年才频频出现的概念，许多教师和学生不知道其中的含义，所以对学生进行培训时，教师应该先让他们了解自主学习的内涵与价值。自主学习能力不是一朝一夕就能形成的，教师需要在学生的各个学习阶段贯穿自主学习的思想和理念。年龄较小的学生对抽象概念的理解能力较低，因此教师只能在教学过程中渗透自主学习的意识，而概念的讲解则可以放在学生的理解能力提升之后。此外，教师还应该引导学习者分析自己的学习过程并进行改进，不断提升学生的自主学习意识。自主学习能力的培养主要依靠学生的努力，学生必须认识到自主学习能力的重要性，这样才能在实际学习过程中有意识地提升自己的自主学习能力。

②帮助学生认识到自己作为一个学习者的特点和学习风格及策略，同时了解成功的学习者通常表现出来的特征，以便取长补短。自我认识是自主学习的基础，教师应该设计一些教学活动来帮助学习者反思自己的学习态度和方法，了解自己的学习特点。英语学习者大致可以分为四类：①具体型学习者，喜欢通过游戏、图片、电影、录像、磁带等途径学习英语；②分析型学习者，喜欢通过学习语法、阅读英语书籍和报纸，找出自己的错误，攻克难题等方式学习英语；③交际型学习者，通过观察和聆听英语为母语国家的人们的谈话，用英语与朋友交谈，课外大量使用英语等方式学习英语；⑤依赖权威型学习者，喜欢听老师讲解，有自己的教材，将一切都记录在笔记本里，通过阅读学习。

有关学习风格和策略的研究还有很多，这些研究成果对于学习者认识自我、了解和拓展自己的学习策略有很大的帮助。学习者在了解了自己学习特点的基础上，可以相互交流，并通过观察一些成功者的学习行为，总结经验，供大家学习和借鉴。值得注意的是，学习风格是一个个性差异，不能用好坏去衡量，每种学习风格都有其优点和缺点，好的学习者善于保持自己原有学习风格的优点，有意识地克服其中的缺点，并通过借鉴其他学习风格的长处，使自己的学习风格更加能够满足学习的需要。

③培养学生掌握科学的学习策略。现代教育思想认为学习过程中，学习者、学习、学习任务才是核心。教育学者认为在学习过程中培养学生的学习策略十分重要，研究学生学习策略的培养也成了英语教学的重要课题。学生自主学习能力的提升关键在于能否掌握科学的学习策略。英语教学研究界最常见的学习策略分类为认知策略、元认知策略和社会情感策略。认知策略是指学生为了有效、迅速地学习和掌握知识、获得相应技能而使用的方法，常见的有记忆法、逻辑分析法等。元认知策略是指学习者通过科学地规划、监控和评估学习过程而获得学习能力和效率的提升。社会情感策略则是比较复杂的一类，它受学生心理和情感因素的影响，往往在学生通过与他人的交流和合作来学习时使用，此外学生对自己的学习态度和情感的调节和自主控制也是其中的一种。社会情感策略可分为提问、合作和移情三种社会策略，以及减轻忧虑、自我鼓励和自我认识三种情感策略。学习策略是英语学习的重要内容，应当体现在教学内容当中，并进入教学大纲。这样教师才能在实际教学中有计划、系统性地培养学生掌握学习策略。

④引导学生主动通过实践，探索自主学习和体验式学习的方法。能力的提升需要实践的支撑，体验式学习和核心就在于学生的真实体验，在学生的实际经历中，抽象的概念才能化为具体、形象的知识，从而成为学生的一部分。体验和反思、思维和实践是自主学习和体验式学习的重要过程，能够帮助学生理解和吸收所学知识，进而得到能力的提升。

学校教育中，体验式学习的途径通常是参与学校某些项目，在这一过程中，学生能够获得实践经验。项目教学法是学生自主学习能力提升的重要途径。英语教学中，教师可以布置一些参观项目和任务，让学生个人或结组完成。在完成任务的过程中，学生首先要制订学习计划，其次在过程中严格管理和控制学习进度，最后科学评价自己的学习过程和成果。学习过程中学生还会使用各种不同的学习方法和策略，从而提升自己的自主学习能力。

（四）自主学习与跨文化英语教学

对于学生而言，自主学习能力培养对各科的不同形式的学习都十分重要。在跨文化英语教育中，自主学习能力更是意义非凡。一方面，跨文化英语教学对学生的自主学习能力要求非常高，语言和文化的学习与数学和理科的学习不同，其主要依靠学生的主观认识和亲身体验来获得知识，仅仅依靠教师的知识灌输和抽象讲解是不行的。因此缺乏自主学习能力的学生就很难完成单一文化背景到双文化和多文化的过渡，也很难将跨文化知识转化为自己的能力。由此可见，跨文化英语教学的效果与学生的自主学习能力水平有很大的关系。另一方面，英语跨文化教学的主要目的在于培养和提升学生的跨文化交际能力，同时让学生的综合素质得到全面提升。这与提升学生的自主学习能力的目标一致。实际上，跨文化英语教育的内容中就包含了跨文化交际能力。拥有较高跨文化交际能力的人必然也有很强的自主学习能力。因此在跨文化英语教学中，学生自主能力的培养是十分重要的。

第三节　跨文化交际视角下翻转课堂教学模式的创新应用

翻转课堂是一种新型的教学模式，它利用信息技术将教学视频等资源提供给学生，让学生在课前自主学习，然后在课堂上，学生在教师的指导和监督下进行作业讲解、协同探究和互动交流等活动，共同完成学习任务。翻转课堂教学十分符合现代英语教育中培养学生自主学习能力的要求，也给英语教学中的跨文化教育提供了新的方式和思路。我国高校中的跨文化教育以英语教育为主要载体，英语教育是培养国际化人才的重要途径，如何运用翻转课堂这一新兴模式实现跨文化英语教学效果的提升，是当今英语教学界的重要议题。通过实行翻转课堂教学，培养学生自主学习意识，自行获取文化知识信息，在课堂上为学生提供交流机会以及模拟互动环境，确保跨文化交际课程的有效实施。

（一）翻转课堂优化跨文化交际和英语教学的必要性与可行性

为了有效地进行跨文化英语教学，培养自主学习能力是必不可少的。英语交际能力和跨文化交际能力的提高不仅取决于教师的指导，更需要学生的主动参与和实践经验。自主学习能力是学生在跨文化教育中完成各种学习任务、实践活动，并在教学活动中深入探索相关知识的关键因素。借助新媒体技术，翻转课堂将传统的知识获取过程转移到课下，让学生在教师提供的资源的帮助下，根据自己的水平和学习节奏，自由安排学习进度，完成知识学习过程，解决基础的认知问题。在这一过程中学生的主体性地位得到有效体现，学生的自主学习能力也能得到大幅度提升。此外，在个性化的翻转课堂教学过程中，学生能够利用课余时间充分准备课堂所需的资料，这样学生在课堂上就不会因为英语学习基础的差异而产生不良的学习心理。学生有了充足的知识储备，就能有效化解主题语言和文化认知带来的交流障碍，在课堂上就能与其他学生和教师深入地进行跨文化的交流与思考，并讨论相关知识和观点。翻转课堂能够有效发挥学生的主观能动性，让学生在学习过程中保持自信、自主的学习态度，积极参与教学活动和课堂讨论。

跨文化英语教学的内容不仅有语文文学知识，还有社会人文知识。大学生在以往的英语学习中已经基本掌握了英语语言能力，因此高校阶段的英语学习应当以人文素养的培养为主要目标。但是大部分英语教师在高校教学中受限于课时，难以有效展开跨文化英语教学，因此传统英语教学中，教学的主要内容依旧是语言教学。

在跨文化英语教学中人文素养和立体思维能力的提升不是通过单向的教授就能获得的，而是需要学生在参与实践活动的过程中亲身体验并获得反思与领悟。翻转课堂的教学模式就是为了实现这一目标而设计的，它将基础知识的学习放在课外，学生可以利用网络平台和自我测验来自主学习这些知识。在课堂上，教师则主要负责组织讨论和结果分享活动、针对学生的问题进行个别化指导、协调小组的合作学习过程、帮助学生解决学习中无法解决的问题等，从而引导学生对知识进行内化和深化，通过协作互动提高学生的跨文化交际能力，在情境创设中锻炼学生的跨文化意识和思辨能力。翻转课堂可以将课堂资源的分配进行优化，从而提升跨文化英语教学的效率。跨文化英语教学还重视测试和评价的改革，其测试和评价的内容要涵盖语言知识和技能、文化知识和意识、情感交际、思辨能力等不同方面，因此在评价的方式和方法方面应当多元化。翻转课堂教学模式恰好能满足这一需求，能够从不同的角度分层次评估学生的学习成果，学生的课前学习能通过网络平台进行自我检测，课上活动则能通过学生之间的互动评估、教师的评价、项目成果和任务完成度评估等进行综合评价，使评价更加客观、全面。

翻转课堂建立在新媒体技术在高校教学应用不断深化的基础上，是跨文化英语教学在信息化时代的必然选择。现代教育技术的进步让学生的学习资源变得更加丰富，学生能够通过多元化的学习渠道自主获取语言和文化信息。此外，网络信息技术与教育的结合也为教师和学生提供了便捷的交流和互动平台，这使得在跨文化英语教学中，学生之间的合作更加方便，学生和教师的交流更加高效。高校学生拥有更多的课余时间，且信息化教学硬件和软件条件更好，因此相比于其他学习阶段，高校跨文化英语教学更适合使用翻转课堂教学模式。此外，高校学生的自制力更强，能在课下时间自律地完成学习任务，且对网络技术和操作也更加熟悉，因此实施翻转课堂教学更加有利。

（二）高校跨文化交际英语翻转课堂教学目的

交际英语的教学目的旨在教会学生正确得体地使用英语语言行为和非语言行为进行跨文化交际。在教学过程中，不仅要注意学生的语音、语法、词汇等，还要重视让学生了解英语的文化背景、使用规范和沟通习惯等。在交际英语教学过程中，应用翻转课堂的形式弥补了授课时间不充足、学生演练时间少的缺憾。利用翻转课堂的特点，学生成为知识传播过程中的主体，通过课下的自主学习、课上充分的自主交流和讨论，能更好地掌握交际英语的相关知识，获得更多实际经验，从而达到英语交流无障碍的最终目标。

（三）翻转课堂在高校英语跨文化交际教学中的应用

翻转课堂教学模式要求教师在课前为学生提供丰富的教学资源，让学生自主学习课程内容，然后在课堂上进行展示、讨论等活动，以达到深化理解和提高能力的目的。跨文化交际课程涉及语言知识和运用、历史、人文知识等许多方面的教学，教师可以选择新闻、电影、英文原版书籍等作为教学资料，这些资料中不仅含有丰富的英语语言知识，还包含各类人文知识，对跨文化英语教学非常有帮助。此外，为了保证教学过程的完整和高效，翻转课堂教学模式应用还需注意以下问题。

1. 学习单

教师为了帮助学生适应自主学习的方式，提高自主学习能力，可以根据教学主题设计一份学习单，帮助学生进行自主学习，完成学习目标。学习单上应该囊括以下内容：本单元的主要教学内容、学生课前自学所学达到的效果、本单元语言知识总结、文化知识总结等。通过阅读学习单，学生可以掌握本单元的学习重点并对自己的学习计划有清晰的认知，此外，学习单也能帮助学生进行学习效果评估和总结，从而提高自主学习能力，为课堂教学打下基础。

2. 课外自主学习

开展课外自主学习活动之前，教师要帮助学生将学习目标分解成阶段性目标，同时根据目标和学习模块制作短小精炼的视频学习材料，并上传至网络平台供学生下载使用。教师还应帮助学生制订相应的学习计划，完成学习任务。学生可以使用学校的教学平台完成学习任务，也可以自己查阅相关资料收集信息。在选择学习资料时，学生要根据自己的文化背景、知识水平和语言水平进行筛选，选择的标准是能够满足学习和进步的需要。通过对这些资料的学习，学生要将其中的知识吸收消化，转化成自己能力的一部分并与他人进行交流和分享，同时提升自己的跨文化语言交际能力。

3. 课内展示、谈论

当学生完成自主学习任务之后，教师可以利用学生已经完成的自主学习成果，设计新的课堂教学模式。学生在教师的指导下，展示和交流他们的学习内容、方法和体会。教师的角色不再是课堂上的主导者和知识传递者，而是变成了学生自主学习过程中的引导者、协助者和评估者。学生也从被动地接受知识变为主动设计学习计划和内容、参与教学活动。

为了提高学生的语言能力和文化素养，课堂教学应该采用多种方式，让学生有机会展现自己的语言学习成果和文化知识储备，学生可以讲解自己通过微课学习到的文化背景知识，并从中分析中西文化之间的差异和容易发生冲突的点；也可以通过趣味性的互动活动，如访谈和辩论等与其他学生深入交流学习成果，从而提升沟通技巧，加深对西方文化的了解。

（四）跨文化能力培养过程的翻转课堂评价体系

翻转课堂教学模式与传统教学有很大区别，并且跨文化交际课程相较于一般的语言知识课程也增加了许多内容，翻转课堂教学的基础就是大量的视频课程资源和学生优秀的自主学习能力，而跨文化交际课程则在语言知识学习的基础上加入了文化知识的传递、积累和对比，并以此为主要形式提升学生的跨文化交际能力。

在跨文化交际课程中应用翻转课堂，学生需要在自主学习阶段掌握相关的文化知识，然后在课堂上展示自己的学习成果，并与他人交流学习心得。在这个过程中，学生自主完成了信息的输入，同时也锻炼了自己的信息输出能力。为了保证这一教学模式的效果，教师必须建立一套完善的评价体系，对学生的自主学习过程、学习效果、课堂表现等进行全面的考核。

自主学习的过程和效果是该评价体系的主要关注点，教师可以综合使用跟踪统计、多元化测试、学习成就展示、信息反馈等方式收集学生的学习信息，让学生掌握自己的学习进度和效果，督促学生自觉学习，帮助学生适应自主学习并掌握学习过程的构建方法。评价体系也能让教师及时发现学生学习中出现的问题，从而改进自己的教学设计，提高教学能力。

（五）翻转课堂教学模式设计——以写作课程为例

结合现有研究成果与英语的人文性和工具性特征，本书在高校现有教学条件的基础上设计了跨文化英语翻转课堂教学模式。该教学模式以多媒体教学技术为技术基础，以学生为教学活动的核心，以有效实现教学目标为主要目的。

1. 翻转课堂教学模式的四个主要环节

在此教学模式下，教学活动分为四个环节：课前阶段、第一次课上、课后阶段、第二次课上。从教学环节的递进当中体现出了语言文化教学的不断深化。教学活动设计的指导为教学总目标，四个教学环节的实践也必须以教学总目标为主要纲领。在四个教学环节的循环过程中，学生的学习能量不断转化为学习成果。学生不仅是教学循环的核心，也是整体教学过程的核心，教师应当给予学生充分的尊重，让学生发挥自己的学习优势，提升他们的学习效率和学习能力，继而全面提升其语言和人文素质。

（1）课前阶段

课前阶段，教师应引导学生自主选择学习方式进行独立学习，从而完成基础信息导入、疑问和自我评估等学习环节。在这一阶段学生和教师要合作进行学习，先要明确课程的主题、确定好教学目标。教学目标的制订可以从语言知识和人文素养培养两方面制订。然后教师根据教学目标制作微课资源、选择学习资料并上传至网络平台，内容包括语言知识、文化知识等，使用的形式可以有幻灯片、影视片段等。学生在完成自主学习任务之后要通过网络平台反馈自己的问题，教师则根据学生反馈的问题进行备课。此外，此阶段学生也要进行自我评估和测试，方式主要包括在线互动评估、游戏式测验等。课前阶段的学习目的在于让学生掌握基础知识并提升自己的自主学习能力，养成高效学习的习惯。

（2）第一次课上

这一教学板块的目的是让学生通过多样化的课堂活动，掌握语言知识和技能，同时深入了解社会人文知识。教学内容以单元主题为导向，教学活动以学生为主体。教师要根据教学内容和学生实际情况设计各种语言文化交流和探索的任务，并在学生的学习过程中进行有效的组织、协调和引导，同时教师还要解决课前收集的关键问题，并给予个性化的反馈和指导。在这一阶段的学习活动中，学生始终是主角，通过运用所学知识与其他学生交流探讨、进行合作学习来不断加深对语言文化知识的理解，并在此基础上深入思考所学的文化知识和了解道德文化现象，提升自己的批判性思维能力。此外学生还要通过各类实践活动提高自己的知识运用能力。

这一阶段学习成果的评价主要依靠教师的主观评价、学生之间的相互评价。教师要为学生营造英语学习的氛围，引导学生围绕课堂主题进行听说读写和翻译等方面的练习，从而不断提高自己的跨文化交际能力，高质量完成学习过程。

（3）课后阶段

在此阶段，根据本单元学习主题，学生以合作学习的方式开展语言文化实践与拓展活动，并将实践成果形成书面介绍交给教师。拓展实践活动的形式多样，如幻灯片演讲展示、口笔译翻译任务、主题口笔译任务、课文改编等，主要原则是紧扣本单元学习主题。这一阶段是深度学习之后的实践应用阶段，旨在培养学生将所学知识和技能运用到实际情境中，激发学生主动使用英语的热情和创造力。合作学习结束后，学生要深入总结自己的疑问和收获，并准备好下一学习阶段的学习成果展示，学生要将这些内容形成书面报告提交给教师，方便教师进行针对性的评价。

这一阶段的学习主要以小组学习的形式开展，每个学生都能在实践过程中感受到同伴的努力和付出，从而彼此监督、共同进步，同时锻炼自己的合作学习能力，培养积极探索的好奇心。

（4）第二次课上

经过充分的课下准备之后，在这一学习阶段，学生将以小组的形式在有限的时间内用英语展示文化实践项目成果。展示过程中，小组之间也可以相互提问或者就具体问题展开辩论。教师要丰富学生的展示方式，如报告会、辩论会、演讲比赛等，也可以邀请其他优秀教师或者留学生参加评论环节，帮助学生拓展分析讨论的内容、开阔视野，为学生创造一个积极真实的跨文化学习环境，培养学生的国际化素养。同时，教师要对本单元的语言文化知识进行系统的回顾和总结，帮助学生深化本课所学知识。对学生成果展示的评价可以小组为单位，每个小组只投一票，对小组的整体成绩进行评定，教师根据学生的个人表现和小组合作程度做出最终评价，评价应以鼓励为主，激励学生不断学习和进步。在这一阶段，学生之间和师生之间的交流是开放式的，在开放式的交流中，语言文化才能碰撞融合，给人以启发，学生才能充分发挥自己的创造力，提升跨文化交际能力。总之，在翻转课堂四个教学环节的不断循环中，学生所学知识得以内化为自己的能力，人文素质得以有效提升，跨文化英语交际能力得以不断提高。

2. 实践与案例分析：基于翻转模式的英语写作课程教学设计

为了解决翻转课堂资源有限的问题，写作课教师对原课程体系、内容、资源和评价进行了重构，在中国大学 MOOC 平台搭建异步小规模限制性在线课程（SPOC），实施“三阶段、五步骤”过程式写作教学，并创建了“一个中心、两个平台、多层次混合”的混合式教学模式。

我们以弗劳尔（Flower）和海耶斯（Hayes）的写作认知过程模型为理论依据，把教学分解为三个阶段、五个步骤：写前的知识准备，写中的计划和拟稿（思想翻译成文字），写后的评价和修改，开展过程式写作教学。Flower & Hayes 的写作认知过程模型如图 5-3-1 所示。

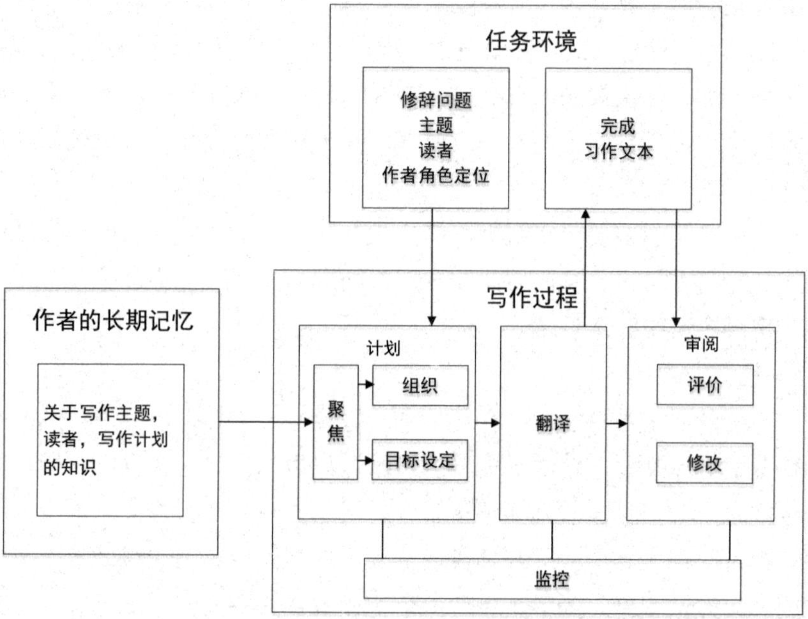

图 5-3-1　Flower & Hayes 的写作认知过程模型

具体教学策略如下：①把写前的知识准备放在线上，让学生课外自学写作知识，进行范文赏析；②线下采用翻转课堂，只对线上学习内容的重点和难点进行精讲，把更多的时间放在写作过程，如定题、拟提纲、评价和修改；③加强教学过程中的师生互动。通过设计 23 种教学活动，实现多层次混合（平台混合、课上课下混合、人机反馈混合、线上线下混合、师生同伴混合），完成从教师所知到学生所知、从学生所知到同伴所知、从教师所行到学生所行、从学生所行到同伴所行的互动循环。

我们引进“批改网”作文评阅平台，采用机器、同伴和教师多元作文评阅体系，减轻教师的作文评改负担，实现了线上教学双平台（在 SPOC 平台自主学习，在“批改网”平台评阅作文）。由机器编辑文字和标点，改正语法错误；同伴从读者的视角为作者提供内容反馈；教师把时间和精力放在深层次的逻辑思考上。

我们采用以“学生为中心”的合作学习、支架和个体化教学策略，除了线上作文书面反馈和讨论区答复、线下课堂点评，还在课外增设师生会谈，教师对每一个学生的具体写作问题给予辅导，帮助其提高写作质量。

内容与资源。本课程包括四个类型的说明文写作：因果分析、解决方案、比较和对比、分类和定义。每个语篇类型要完成一个基于真实语境的写作任务。

课程在 SPOC 平台提供了丰富的资源，包括课程视频、写作工具、讲义和教案、课外阅读材料、讨论话题等，方便学生查看和复习。线上教学依托异步 SPOC，选用国防科技大学制作的国家一流在线开放课程“大学英语写作”，同时结合专业培养目标、课程教学目标和学生的实际情况，编写本课程教学大纲和教学日历，制作微课（15 个，总计 90 分钟），撰写讲义和教案（48 篇），搜集和整理国内和国外说明文写作教学视频（57 个），累计时长（1630 分钟），写作主题阅读（105 篇），学生范文（37 篇），写作话题（50 个）。线上英语查询资源清单包括词典、搜索引擎、语料库等，共计 14 个。所有课件在实际教学中会根据学生们的反馈进行不断更新和完善，并邀请外教进行了审阅。

作文评阅平台为“批改网”平台，实行机器、同伴、教师多元反馈。线下教学利用语言实验室和智慧教室的技术设备，实现“翻转课堂”。同时，为应对疫情，使用腾讯会议和微信，线上直播教学和互动，英语写作教学资源如表 5–3–1 所示。

表 5–3–1　英语写作教学资源

类型	内容	数量
课程视频	国防科技大学慕课	10 个；150 分钟
	本课程微课	15 个；100 分钟
	本课程课堂视频	12 个；1080 分钟
	参考教学视频	20 个；300 分钟
工具	词典、搜索引擎、语料库	14 个

续表

类型	内容	数量
讲义和教案	写作任务设计 写作提纲设计 范文赏析 习作讲评 课堂活动设计	48 篇
课外阅读	范文赏析	10 篇
	写作主题素材	25 篇
	学生习作范文	52 篇
讨论	写作话题	50 个

教学活动。本课程依托 SPOC 和“批改网”平台，采用翻转课堂、任务教学、支架、个体化教学、合作学习等策略，设计了“基于 SPOC+ 批改网的线上 + 线下混合教学模型”，组织和实施课前、课中和课后的教学活动。

（1）课前：SPOC 平台自主学习

发布公告。教师上传慕课、微课视频以及教学文档资源，发布 SPOC 学习任务公告和完成的时间节点，并在班级微信群提醒。

自主学习。学生在线上看视频，自学写作知识和技巧，阅读写作例文和相关素材，并完成线上测验。

讨论区互动。学生在学习过程中如有疑难困惑，可在讨论区和同学讨论，教师回帖答复。

（2）课中：“翻转课堂”合作学习

线上 + 线下：线上学习反馈。教师针对学生在讨论区提出的重点和难点问题进行细致讲解。

线下：小组合作。学生小组合作，讨论写作话题、撰写提纲。

线下：师生合作。学生分组展示提纲和习作，教师点评，制定修改策略。

线上 + 线下：同伴讨论。同伴面对面交流线上反馈意见，解释、澄清、修正或采纳反馈意见。

线上 + 线下：案例讲评。教师采用案例教学对学生线上作文的典型问题进行讲评。通过典型个案的辐射效应，解决大家在写作中存在的普遍问题。

线上＋线下：优秀习作展评。教师挑选学生线上优秀习作，利用“批改网”的推荐功能，共享给全班同学传阅，并请作者在课堂展示写作经验。通过优秀作文的示范，增强写作信心，明确改进策略。

（3）课后：线上作文反馈和线下师生会谈

线上：撰写、修改和提交作文。学生根据课中小组讨论、展评和教师讲评的启示，以及课后教师反馈，在“批改网”撰写、修改并提交初稿、二稿和终稿。

线上：同伴互评。学生在完成初稿后，在“批改网”完成同伴互评。

线上：讨论区讨论。学生在写作过程中若有问题，可在SPOC讨论区提问，教师回帖答复。

线上：教师反馈。教师评阅学生习作，并提出修改意见。

线下：师生会谈。教师在定稿之前安排一次师生会谈，对学生习作中尚未解决的问题给予具体的指导，帮助其完成定稿。

线上：教学反思和学习反思。在教学任务结束后，学生撰写学习反思并填写教学评价问卷；教师分析问卷并撰写教学反思。

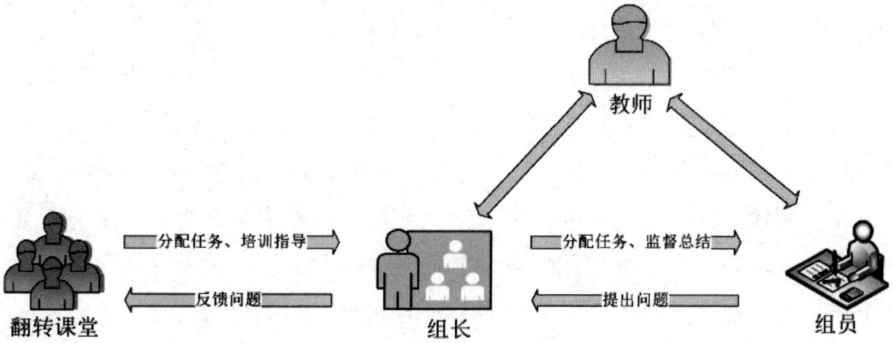

图5–3–2　技术化移动式翻转课堂培养模式模拟图

结　语

跨文化培养与新文科背景是两个密切相关且相互影响的领域。跨文化培养是指个体在多种文化背景中应对和适应的能力。在经济全球化背景下，跨文化能力已经成为一个重要的竞争力和职业发展的关键要素。因此，对于个体来说，跨文化培养至关重要，它有助于提升个体的社会适应力和核心竞争力。新文科是在信息时代背景下，新兴的、与传统人文学科不同的、具有前瞻性和创新性的学科。它是以人类的视角出发，关注人类社会发展的现状和未来，探索人类的文化、价值观念以及社会问题等方面的新思考和新方法。新文科的兴起源于信息时代对人类社会的巨大影响，代表着中国在新时代勇于打破传统文科的束缚，寻求创新、重组、协作和共享。

在新文科背景下，跨文化培养显得尤为重要。新文科注重跨学科学习，鼓励学生从多个角度理解和分析问题，这必然要求学生具备跨文化能力，以便更好地理解和适应不同文化背景下的知识和观念。同时，新文科也强调培养学生的创新能力和批判性思维，而这些能力在跨文化交流中同样至关重要。可以说新文科背景为跨文化培养提供了更广阔的舞台。在这样的背景下，教育者和学生都应该更加注重跨文化能力的培养，以适应经济全球化时代的挑战和机遇。跨文化能力培养也对于促进不同文化间的理解与交流具有重要意义。在经济全球化的今天，不同文化间的交流日益频繁，跨文化能力的培养有助于减少文化冲突和误解，增进不同文化间的相互理解和尊重。这对于推动世界和平与发展、构建人类命运共同体具有积极意义。

跨文化培养强调的是个体在多种文化背景中应对和适应的能力。在经济全球化背景下，这种能力对于个人的成长和发展至关重要。翻转课堂则是一种创新的教学模式，它重新调整了课堂内外的时间，使学生能够更加专注于主动的、基于项目的学习。这种教学模式为学生提供了更多自主学习和合作探究的机会，有助于培养他们的自主学习能力和思辨能力。将跨文化培养与翻转课堂相结合，可以产生一系列积极的教育效果。在翻转课堂的环境中，学生可以通过观看视频讲座、听播客、阅读电子书等多种方式进行自主学习。这些资源往往涵盖了丰富的跨文化内容，使学生能够在课前对不同文化有初步的了解和认知。在课堂上，学生可以就这些跨文化内容进行深入讨论和探究，通过小组合作和互动学习，进一步提升他们的跨文化理解和适应能力。

翻转课堂中的教师角色也发生了变化。教师不再是单纯的知识传授者，而是成为学生学习过程中的引导者和促进者。在跨文化培养的过程中，教师可以为学生提供更多的指导和支持，帮助他们更好地理解和适应不同文化背景下的知识和观念。同时，教师还可以通过组织跨文化交流活动、设计跨文化主题项目等方式，进一步促进学生的跨文化学习和实践。跨文化培养与翻转课堂相结合可以为学生提供更加丰富、多元的学习体验，有助于提升他们的跨文化能力和综合素质。这种结合也是教育领域不断创新和发展的体现，有助于培养更多具有全球视野和跨文化能力的人才。

翻转课堂与教学技术之间存在紧密的关联，二者相互促进，共同推动着教育领域的创新与发展。翻转课堂是一种创新的教学模式，它重新分配了课堂内外的时间，让学生拥有更多的自主学习权。学生通过课前预习教师上传的资料，对新知识进行初步了解和掌握。课堂上则主要进行深入的讨论、案例分析等活动，以加深对知识的理解和应用。

教学技术则是实现教学目标的重要手段，它涵盖了设计、实施和评价整个教学过程的系统方法。现代教学技术利用了各种资源和工具，以更有效地促进学生的学习。在翻转课堂中，教学技术的应用显得尤为重要。例如，教师可以通过制作多媒体课件、录制教学视频等方式，为学生提供丰富多样的学习资源；学生则可以利用电脑、手机等终端设备随时随地访问这些资源，实现个性化学习。翻转课堂与教学技术的结合，给学生带来了许多积极的影响。首先，它打破了传统课堂的时空限制，使学生能够在任何时间、任何地点进行学习，提高了学习的灵活性和自主性。其次，它丰富了教学手段和资源，使得教学更加生动有趣，提高了学生的学习兴趣和积极性。最后，它促进了师生之间的深度互动和交流，有助于构建新型的师生关系，提高了教学效果和质量。

要使翻转课堂与教学技术更好地融合，还需要注意一些问题。例如，教师需要不断提升自己的信息技术能力，以便能够制作出高质量的教学资源；同时，也需要关注学生的学习进度和反馈，及时调整教学策略。此外，还需要注意保护学生的隐私和数据安全等问题。翻转课堂与教学技术之间存在着相互促进的关系。二者的结合不仅能够提升教学效果和质量，还能够推动教育领域的创新与发展。

因此，在未来的教育中，应该更加注重翻转课堂与教学技术的融合应用。

人工智能（AI）与教师素养之间的关系日益紧密。随着技术的快速发展，AI在教育领域的应用越来越广泛，这对教师的素养提出了新的要求和挑战。AI为教师提供了丰富的教学资源和工具，如智能教学平台、个性化学习路径推荐等，使教学更加高效和便捷。然而，这也意味着教师需要具备相应的技术能力，能够熟练使用这些工具，并将其融入日常教学中。因此，教师需要不断学习和更新自己的技术知识，以适应这一变化。AI的应用也促进了教育模式的创新。传统的“填鸭式”教学已经无法满足现代学生的需求，而AI可以帮助教师实现个性化教学、精准评估等目标。这要求教师具备创新素养，能够灵活运用AI技术，设计符合学生需求的教学方案。

AI的发展也对教师的职业道德和人文素养提出了更高的要求。在利用AI进行教学时，教师需要确保数据的隐私和安全，遵守相关的法律法规。同时，教师还需要关注学生的情感需求，培养他们的批判性思维和创新能力，这些都需要教师具备深厚的人文素养。针对这些挑战，教师可以通过参加培训、阅读相关文献、与同行交流等方式提升自己的AI素养。同时，学校和教育机构也应该加强对教师AI素养的培养和考核，为他们提供必要的支持和帮助。AI与教师素养之间的关系是相互促进、共同发展的。随着AI技术的不断进步和应用，教师的素养也将得到不断提升和完善，以更好地适应未来教育的需求。

人工智能与教学的结合为教育领域带来了革命性的变革。首先，AI技术为教学提供了自适应和个性化的教学方案。通过分析学生的学习速度、理解能力、兴趣爱好和知识水平等数据，AI能够调整教学进度和难度，以满足学生的个性化需求。这种个性化的教学方式有助于激发学生的学习兴趣，提高学习效果。其次，AI在在线教育领域发挥着重要作用。通过在线教学平台，AI可以提供智能化的学习路径、自适应的学习内容和及时的反馈。这种教学模式打破了时间和空间的限制，让学生可以随时随地进行学习，同时也为教师提供了更多元化的教学方式。再次，AI还可以帮助教师更好地了解学生的学习情况和需求。通过分析学生的学习数据，AI可以为教师提供有关学生学习进展和困难的信息，从而帮助教师制订更有针对性的教学计划。最后，AI还可以为教师提供智能推荐问题、在线讨论等人性化的教学方式，以提高教育教学质量。

在虚拟实境教学方面，AI技术与虚拟现实（VR）技术的结合为学生提供了身临其境的学习体验。学生可以借助VR技术参与各种实践活动，如虚拟实验室、虚拟历史场景等，从而更深入地理解和掌握知识。AI技术的应用不仅改变了教学方式，还推动了教育行业的跨界合作和资源共享。各个学校和教育机构可以通过网络平台共享教学资源和经验，提高教学质量和效果。同时，AI 技术也为学校提供了更多合作机会，促进了教育领域的创新和发展。值得注意的是，虽然 AI 在教学领域具有诸多优势，但也需要关注其可能带来的挑战，如数据隐私和安全问题、技术更新与教师培训的需求等。因此，在利用 AI 进行教学时，需要综合考虑其利弊，确保技术的合理应用。AI 与教学的结合为教育领域带来了诸多机遇和挑战。随着技术的不断发展，相信未来 AI 将在教学领域发挥更大的作用，为教育事业的进步贡献更多力量。

数字化赋能跨文化能力培养主要体现在利用数字化技术和工具来增强跨文化交流和理解的能力。数字化技术可以提供丰富多样的跨文化学习资源。通过在线平台，人们可以访问来自世界各地的文化资料、视频、音频和互动课程，从而更深入地了解不同文化的背景、价值观和习俗。这些资源不仅可以帮助人们扩大视野，还可以提供实践跨文化交流的机会。

数字化工具可以促进跨文化交流的便捷性和实时性。通过社交媒体、在线论坛和视频会议等工具，人们可以与来自不同文化背景的人进行实时互动和交流。这种即时反馈和互动有助于增进相互理解，减少误解和偏见，并促进跨文化合作和友谊的建立。数字化赋能还可以应用于跨文化教育和培训中，教育机构可以利用数字化技术设计和实施跨文化培训课程，包括在线讲座、模拟对话、角色扮演等，以提高学生的跨文化意识和能力。同时，企业也可以利用数字化工具为员工提供跨文化沟通和合作的培训，以适应经济全球化市场的需求。

数字化赋能还有助于构建跨文化交流社区和平台。通过创建在线社区或论坛，人们可以分享跨文化经验、交流观点、寻求帮助，并建立起紧密的跨文化联系。这种社区化的交流方式有助于形成积极的文化氛围，促进跨文化理解和合作。数字化赋能跨文化能力培养并非一蹴而就的过程，需要持续的努力和实践。同时，也需要注意保护个人隐私和信息安全，确保数字化工具在跨文化交流中的正当使用。数字化赋能跨文化能力培养是一种有效的方式，可以利用数字化技术和工具来增强跨文化交流和理解的能力，促进经济全球化背景下的文化多样性和相互尊重。

参考文献

[1] 陈国明，安然 . 跨文化传播学关键术语解读 [M]. 北京：中国社会科学出版社，2010.

[2] 鲁曙明 . 沟通交际学 [M]. 北京：中国人民大学出版社，2008.

[3] 陈卫东 . 教育技术学视野下的未来课堂研究 [D]. 上海：华东师范大学，2012.

[4] 戴晓东 . 跨文化能力研究 [M]. 北京 ：外语教学与研究出版社 ,2018.

[5] 关世杰 . 跨文化交流学 [M]. 北京 ：北京大学出版社，1995.

[6] 关世杰 . 国际传播学 [M]. 北京：北京大学出版社，2004.

[7] 关世杰 , 跨文化交流与国际传播研究 [M]. 北京 ：中国社会科学出版社，2011.

[8] 何道宽 . 文化在外语教学中的地位 [J]. 外国语文，1986（1）：96–116.

[9] 胡文仲 . 跨文化交际学概论 [M]. 北京：外语教学与研究出版社 ,1999.

[10] 胡文仲 . 跨文化交际教学与研究 [M]. 北京：外语教学与研究出版社，2015.

[11] 霍瑛 . 多元文化视域下的大学英语教学 [M]. 长春 ：吉林人民出版社，2021.

[12] 贾玉新 . 跨文化交际新视野 [M]. 北京 ：外语教学与研究出版社 ,2019.

[13] 教育部高等学校教学指导委员会 . 普通高等学校本科专业类教学质量国家标准 (上)[M]. 北京：高等教育出版社，2018.

[14] 李加军 . 基于心理词汇的中国人的价值观结构兼与施瓦茨跨文化价值观理论的比较 [D]. 上海：上海外国语大学，2013.

[15] 李艳，张卫东 . 基于 CDIO 教育理念的外语专业学生跨文化交际能力培养模式的构建 [J]. 外语电化教学，2013（6）：61–65.

[16] 慕爱静 . 英语教学中跨文化交际能力培养研究 [M]. 北京：北京工业大学出版社，2019.

[17] 黄文静 . 教海探航：多元文化视域下的高校英语教学研究 [M]. 北京：中国商业出版社，2022.

[18] 孙有中 . 外语教育与跨文化能力培养 [J]. 中国外语 ,2016，13（3）：1.

[19] 孙有中，廖鸿婧，郑萱，等 . 跨文化外语教学研究 [M]. 北京：外语教学与研究出版社，2021.

[20] 王守仁 . 高校外语专业学生跨文化能力的培养 [J]. 西北工业大学学报（社会科学版）,2019（4）：45-49.

[21] 文秋芳. 英语口语测试与教学 [M]. 上海 ：上海外语教育出版社，1999.

[22] 武黎 . 融合与渗透：跨文化交际汇总的大学英语教学研究与优化 [M]. 太原：山西经济出版社，2020.

[23] 习近平 . 文明交流互鉴是推动人类文明进步和世界和平发展的重要动力 [J]. 共产党员，2019（11）：4-6.

[24] 杨盈，庄恩平. 构建外语教学跨文化交际能力框架 [J]. 外语界，2007（4）：13-21.

[25] 张红玲，姚春雨 . 建构中国学生跨文化能力发展一体化模型 [J]. 外语界，2020（4）：35-44.

[26] 赵海燕 . 论我国英语教育跨文化意识的双向成长 [J]. 中国教育学刊，2013（11）：67-69.

[27] 郑新民，李茨婷 . 文化可教否？ 应该教谁的文化？：访著名语言学家 David Nunan 教授 [J]. 外语电化教学，2010（2）：74-78.

[28] Birdwhistell.Kinesics and Contexts [M].Philadelphia:University of Pennsylvania Press，1971.

[29] Bruce Joyce，Marsha Weil. 教学模式（第八版）[M]. 兰英等，译 . 北京：中国人民大学出版社，2014.

[30] Byram.Teaching and Assessing Intercultural Communicative Competence [M] Bristol：Multilingual Matters，2021.

[31] Dodd. 跨文化交际动力（第五版）[M]. 上海 ：上海外语教育出版社，2006.

[32] Hall. 无声的语言 [M]. 何道宽，译 . 北京 ：北京大学出版社 ，2010.

[33] Holmes，O' Neill. Developing and evaluating intercultural competence：Ethnographies of intercultural encounters [J].International Journal of Intercultural Relations，2012（36）：707-718.

[34]Lasswell. 社会传播的结构与功能 [M]. 何道宽，译 . 北京：中国传媒大学出版社 ,2013.

[35]Lustig，Koester.InterculturaL Competence：Interpersonal Communication Across Cultures [M].Boston：Pearson Education，2017.

[36]Mortenson. 跨文化传播学：东方视角 [M]. 关世杰，胡兴，译 . 北京 : 中国社会科学出版社，1999.

[37]Ruben. 卓越高等教育指南 [M]. 陈传夫等，译 . 武汉 : 武汉大学出版社，2015.

[38]Samovar，Porter. Communications between Cultures (9th Edition) [M]. Boston：Cengage Learning，2016.

[39]Schramm，Lerner. Communication and Change in the Developing Countries[M].Hawaii：University of Hawaii，1967.

[40]Spitzberg，Cupach. Interpersonal Communication Competence[M]. Beverly Hills，CA：Sage，1984.

[41]Spolsky. sociolinguistics [M].Boston：Oxford University Press，1998.

[42]Ting-Toomey.Communicating Across Cultures[M].New York：The Guilford Press，1999.

[43]Tylor. Primitive Culture [M].Cambridge：Cambridge University Press，2010.

[44]UNESCO. Intercultural Competences：Conceptual and Operational Framework [M].Paris：UNESCO，2013.